Totchégbé Patrick KELOME

Service à Valeur Ajoutée en GSM

Totchégbé Patrick KELOME

Service à Valeur Ajoutée en GSM

Service de l'annuaire GSM: Mise en place
d'un prototype du contrôleur d'annuaire et
de la base de données

Éditions universitaires européennes

Mentions légales/ Imprint (applicable pour l'Allemagne seulement/ only for Germany)

Information bibliographique publiée par la Deutsche Nationalbibliothek: La Deutsche Nationalbibliothek inscrit cette publication à la Deutsche Nationalbibliografie; des données bibliographiques détaillées sont disponibles sur internet à l'adresse http://dnb.d-nb.de.
 Toutes marques et noms de produits mentionnés dans ce livre demeurent sous la protection des marques, des marques déposées et des brevets, et sont des marques ou des marques déposées de leurs détenteurs respectifs. L'utilisation des marques, noms de produits, noms communs, noms commerciaux, descriptions de produits, etc, même sans qu'ils soient mentionnés de façon particulière dans ce livre ne signifie en aucune façon que ces noms peuvent être utilisés sans restriction à l'égard de la législation pour la protection des marques et des marques déposées et pourraient donc être utilisés par quiconque.

Photo de la couverture: www.ingimage.com

Editeur: Éditions universitaires européennes est une marque déposée de Südwestdeutscher Verlag für Hochschulschriften GmbH & Co. KG
Dudweiler Landstr. 99, 66123 Sarrebruck, Allemagne
Téléphone +49 681 37 20 271-1, Fax +49 681 37 20 271-0
Email: info@editions-ue.com

Produit en Allemagne:
Schaltungsdienst Lange o.H.G., Berlin
Books on Demand GmbH, Norderstedt
Reha GmbH, Saarbrücken
Amazon Distribution GmbH, Leipzig
ISBN: 978-613-1-54422-4

Imprint (only for USA, GB)

Bibliographic information published by the Deutsche Nationalbibliothek: The Deutsche Nationalbibliothek lists this publication in the Deutsche Nationalbibliografie; detailed bibliographic data are available in the Internet at http://dnb.d-nb.de.
 Any brand names and product names mentioned in this book are subject to trademark, brand or patent protection and are trademarks or registered trademarks of their respective holders. The use of brand names, product names, common names, trade names, product descriptions etc. even without a particular marking in this works is in no way to be construed to mean that such names may be regarded as unrestricted in respect of trademark and brand protection legislation and could thus be used by anyone.

Cover image: www.ingimage.com

Publisher: Éditions universitaires européennes is an imprint of the publishing house Südwestdeutscher Verlag für Hochschulschriften GmbH & Co. KG
Dudweiler Landstr. 99, 66123 Saarbrücken, Germany
Phone +49 681 37 20 271-1, Fax +49 681 37 20 271-0
Email: info@editions-ue.com

Printed in the U.S.A.
Printed in the U.K. by (see last page)
ISBN: 978-613-1-54422-4

UNIVERSITE D'ABOMEY-CALAVI

The Abdus Salam International Centre for Theoretical Physics (ITALY)
INSTITUT DE MATHEMATIQUES ET DE SCIENCES PHYSIQUES
INGENIERIE DE GENIE INFORMATIQUE
ET DE SCIENCES APPLIQUEES

MEMOIRE DE FIN DE FORMATION

Présenté pour l'Obtention du Diplôme de Master Professionnel
Option : Réseaux et Systèmes d'information

Par

Patrick Totchégbé KELOME

Thème :

Mise en place du Service de l'Annuaire GSM : réalisation d'un prototype du contrôleur et de la base de données de l'annuaire

Encadreurs

Roch H. Glitho, PhD, Concordia University, Canada

Joël T. HOUNSOU, PhD, IMSP et FAST, UAC, Benin

3ème Promotion
Juillet 2009

BP 613 PORTO-NOVO   Tel/Fax : +229 20 22 24 55   http://www.imsp-uac.org
secretariat@imsp-uac.org

TABLE DES MATIERES

DEDICACES

-       A mon feu père, Amagbégnon KELOME pour les énormes sacrifices consentis à ses enfants,

-       A ma mère, qui a toujours eu de l'admiration pour mon travail et qui ne m'a jamais monnayé son soutien moral et son attachement,

-       A mes enfants, Brian, Jordan, Primelle et Shania que j'aime si tant.

REMERCIEMENTS

Mes sincères remerciements sont adressés tout d'abord à l'endroit de mes maîtres notamment :

- Mr Roch H. Glitho, PhD, Professeur à l'Université de Concordia (Canada) et à l'Institut de Mathématiques et de Sciences Physiques (IMSP) pour sa disponibilité et son souci du travail bien fait ;
- Mr Joel T. HOUNSOU, PhD Professeur à l'IMSP et à l'Université d'Abomey-Calavi (UAC), pour avoir accepté de co-superviser le mémoire et d'y apporter son expérience et son savoir-faire.

Mes remerciements s'adressent ensuite à l'ensemble du corps professoral de la filière Génie Informatique et Sciences Appliquées de l'IMSP de l'UAC notamment au responsable de la filière, Dr Eugène EZIN pour tout le plaisir qu'on a partagé durant notre formation et qui a fait de nous une promotion un peu spéciale.

Je remercie particulièrement mes collègues élèves ingénieurs avec qui je partage les bureaux sur mon lieu de travail, notamment Mr Vincent DENAKPO et Mr Paul ACAKPO.

Je remercie également tous les autres collègues élèves ingénieurs de la promotion pour le bonheur et l'ambiance partagés avec une mention spéciale à SANDA Tidjani et RANDOLPH Aurel, mes partenaires de l'équipe de l'IMSP qui a remporté le 1er Prix au Concours National de Programmation des Instituts Supérieurs de Formation en 2008.

Mes remerciements particuliers sont formulés aussi à l'endroit des membres de ma famille et ceux des familles parentes et alliées pour l'attachement qu'ils portent pour ma personne.

Je n'oublie pas non plus tous les amis de tous les jours qui ont à un moment ou à un autre partagé mes peines et mes joies lors de cette formation.

A tout ce beau monde, je réitère une fois encore mes remerciements les plus sincères et profonds.

RESUME

Le monde entier a connu un essor phénoménal de la téléphonie mobile à partir des années 1990. Ce développement a été encore plus spectaculaire dans les pays en voie de développement où cette nouvelle technologie est venue combler les faibles taux de pénétration de la téléphonie fixe et de l'Internet.

Le développement de la téléphonie mobile s'appuie en partie sur les services à valeur ajoutée basés sur les SMS. C'est justement le cas de l'Annuaire GSM qui fait l'objet du présent mémoire. Le travail peut être subdivisé en trois volets à savoir la réalisation d'un centre de messagerie simulé, la mise en place d'un contrôleur de répertoire d'annuaire et la conception de la base de données de l'annuaire.

L'ensemble est réalisé avec des outils libres et des open sources.

Le centre de messagerie simulée doit pouvoir recevoir des messages SMS des opérateurs de téléphonie mobile via une carte PCMCIA installée sur un ordinateur portable, envoyer des messages SMS vers les opérateurs via la carte PCMCIA, envoyer les messages SMS au contrôleur de répertoire simplifié via une liaison SS7 puis recevoir des messages SMS de ce contrôleur via l'interface SS7.

Le contrôleur de répertoire aura pour principale fonction de recevoir les messages SMS du centre de messagerie simulé via une interface SS7, de traiter les messages reçus et de les envoyer vers la base de données de l'annuaire, d'envoyer le message vers le contrôleur de répertoire à travers l'interface d'accès à la base de données, de recevoir des messages SMS du contrôleur via la même interface et de formater les messages SMS et les envoyer vers le centre de messagerie simulé à travers une interface SS7.

La base de données de l'annuaire contiendra les données des abonnés au service (nom, numéro de mobile, code secret, profession, secteur d'activité).

L'utilisateur final doit souscrire au service pour interagir avec l'architecture décrite ici et ceci au moyen des messages SMS. Les différents éléments du système sont séparés les uns des autres pour mettre en exergue les différentes interfaces à développer.

Mots-clés : GSM - SMS – SS7 – PCMCIA – annuaire – Interface – Contrôleur de répertoire

ABSTRACT

The world has witnessed a phenomenal growth of cellular telephony since the early 1990s. This growth is even more spectacular in developing countries where alternatives are fewer because of the low penetration of fixed telephony and the Internet.

Many added values services are developed and relied on the Short Message Service. It's the case of the Phonebook service based on the GSM architecture which is presented in this document.

Three main tasks involve with the subject : create a simulated message center, create a simplified repository controller and build a Phone book repository by using only free tools or open sources projects.

The simulated message center has to receive SMS messages from operator network via the PCMCIA card, to send SMS messages to the operator network via the PCMCIA card, to send the SMS messages to the simplified controller via SS7 interface and receive SMS messages from simplified controller via the SS7 interface.

The simplified repository controller has as main functions to receive SMS messages from the simulated message center, to process them, to send the appropriate messages to the appropriate repository via a database access interface, to receive messages from repository via a database access interface, to format SMS messages and send them to the simulated message center via the SS7 interface.

The Phonebook repository contains data records about subscribers (name, phone number, security code, address, profession, activity sector).

The end-user has to subscribe to the service and interact with the system described below through SMS messages. The possibility is also given to interact with the system by using an Internet connection.

Keywords: GSM - SMS – SS7 – PCMCIA – Phonebook repository – Interface – Repository Controller

LISTE DES TABLEAUX

LISTE DES FIGURES

INTRODUCTION GENERALE

Jamais dans l'histoire de l'utilisation des technologies, il n'y en a pas une qui ait connu un succès aussi large que celle de la téléphonie mobile. Les statistiques sont stupéfiantes. Elles annoncent que déjà en juillet 2005, on a atteint le seuil des deux milliards d'utilisateurs et les prévisions donnent le seuil de 3 milliards d'abonnés pour 2010.

Dans les pays sous développés, les sociétés de gestion de la téléphonie filaire classique ont vite montré leurs limites surtout en ce qui concerne la satisfaction en lignes téléphoniques des nombreux abonnés qui se bousculent à leur porte.

Souvent sous dimensionnés, les équipements méritent d'être totalement rénovés pour répondre aux normes actuelles.

Pendant ce temps, la téléphonie mobile grâce à sa facilité d'installation a conquis le cœur de la clientèle avide de communication. L'obtention d'une ligne de téléphonie mobile est quasi instantanée dès l'acquisition d'une carte SIM de l'opérateur qui fournit le service et d'un appareil cellulaire. Les nombreux services à valeur ajoutée qu'offrent les différents opérateurs de la téléphonie mobile notamment la messagerie sont d'excellents moyens peu coûteux qui permettent de satisfaire dans une large mesure les besoins pressants de communication des abonnés.

Cependant cette expansion rapide des abonnés de la téléphonie mobile s'est-elle accompagnée d'un traçage ou la tenue d'un répertoire des abonnés ?

Pourra-t-on à ce jour donner avec exactitude le nom de l'abonné pour un numéro de mobile choisi au hasard ?

Est-ce que à l'image de la téléphonie filaire, il existe en téléphonie mobile un répertoire des abonnés, autrement dit un annuaire ?

A toutes ces questions, les réponses sont certainement négatives. Ainsi avec de nos jours plus de 3,5 millions[1] d'abonnés, le réseau de la téléphonie mobile au Bénin n'est pas en marge de ces problèmes précédemment énoncés. Il n'existe donc pas de répertoire des abonnés du mobile au Bénin.

Historiquement l'annuaire téléphonique tire son origine des almanachs apparus en Europe à partir du Moyen Age. C'est à Sébastien Bottin qu'on doit la publication du premier almanach du commerce et de l'industrie en 1797. La

---

[1] Source ATRPT-Bénin

téléphonie filaire peut se targuer d'avoir un héritage dans ce sens, profitant des formalités d'abonnement pour inscrire ses abonnés dans un annuaire. Les opérateurs de la téléphonie mobile ont beaucoup été plus motivés par le souci de la simplicité de l'accès à leur réseau par n'importe qui et sans aucune formalité si bien que le souci de constituer une base de données des abonnés n'a pas été une préoccupation. Cette problématique n'est pas propre au Bénin mais à l'ensemble des pays où la téléphonie mobile s'est implantée au point où aujourd'hui beaucoup de pays cherchent à rattraper ce retard.

Plusieurs stratégies sont mises en œuvre pour encourager et faciliter aux abonnés leur inscription à l'annuaire. Chaque opérateur procède à son niveau à la collecte de l'information et les organes de régulation de la téléphonie en ont fait un objectif important.

Dans le contexte béninois, pour l'instant rien n'est envisagé. La question se pose toujours donc de savoir comment cette problématique de l'annuaire va être abordée.

Pour ce qui nous concerne, ce mémoire se donne comme objectif de proposer une solution parmi tant d'autres.

Après avoir présenté dans un premier chapitre l'état du secteur des télécommunications au Bénin et rappelé quelques notions liées à la téléphonie mobile GSM[2], nous nous pencherons dans un second chapitre sur le cahier de charges du service à mettre en place. Le troisième chapitre présentera les outils et logiciels libres disponibles pour la réalisation du service. Enfin dans le quatrième chapitre, nous passerons à la réalisation technique d'un prototype de cette solution.

---

[2] GSM : Global System for Mobile communications

CHAPITRE 1

ETAT DU SECTEUR DES TELECOMMUNICATIONS ET NOTION DE TELEPHONIE MOBILE GSM

INTRODUCTION

Depuis son accession à l'indépendance, la gestion des télécommunications au Bénin a été assurée par l'Etat béninois à travers l'Office des Postes et Télécommunications (OPT) aujourd'hui dénommé Bénin Telecoms SA. Cet établissement public assurait l'exploitation du service public des postes et télécommunications et exerçait le monopole des télécommunications jusqu'en 1999, année d'ouverture de ce secteur stratégique de l'économie béninoise aux opérateurs privés. Le secteur de la téléphonie mobile a connu un fort développement à partir de l'année 2000 avec l'octroi par le gouvernement début 1999 de licences GSM. En dehors de la société LIBERCOM qui assure la gestion du réseau mobile de Bénin Télécoms, trois opérateurs privés se partagent le marché de la téléphonie mobile (TELECEL Bénin SA – MOOV Bénin, Spacetel Bénin – Areeba - MTN et Bell Bénin Communication). Le cadre réglementaire était très peu clair et rien n'était véritablement contrôlé. Le gouvernement en mettant en place l'ATRPT[3] a procédé au relèvement du prix de la licence de 5 milliards à 30 milliards au début du mois de juillet 2007. Dans la foulée un cinquième opérateur GSM a accepté les nouveaux cahiers de charges et s'est installé sur le marché : c'est la société GLO Mobile Bénin. Le présent chapitre fera dans un premier temps le point sur l'état du secteur au Bénin et dans un second temps éclairera la compréhension que nous devons avoir du réseau mobile GSM et de la signalisation SS7 dans son fonctionnement.

1.1 ETAT DU SECTEUR DES TÉLÉCOMMUNICATIONS AU BÉNIN

1.1.1 Au plan juridique et réglementaire

Le corpus juridique dans le secteur des Postes et Télécommunication au Bénin est composé de textes nationaux et de textes communautaires de l'UEMOA[4] et de la CEDEAO[5] en cours de transposition.

---

[3] ATPRT : Autorité de Transition de Régulation des Postes et Télécommunications
[4] UEMOA : Union Economique et Monétaire Ouest-Africaine
[5] CEDEAO : Communauté Economique de Développement des Etats de l'Afrique de l'Ouest

Les textes nationaux sont essentiellement composés de :
- la loi N° 2001-31 du 02 Avril 2004 portant Principes fondamentaux du régime des Postes en République du Bénin ;
- l'ordonnance N° 2002-002 du 31 janvier 2002 portant Principes fondamentaux du régime des Télécommunications en République du Bénin ;
- le décret N° 2007-209 du 10 Mai 2007 portant création, attributions, organisation et fonctionnement de l'Autorité Transitoire de Régulation des Postes et Télécommunications en République du Bénin ;
- la convention d'exploitation de réseau mobile de norme GSM et le cahier de charges ;
- l'accord relatif aux conditions techniques et commerciales de l'accès direct à l'international et de l'interconnexion.

Cet environnement législatif et réglementaire est caractérisé par quelques insuffisances au niveau des textes existants et un déficit en textes d'application. Cet état de choses justifie l'initiative de projets de décret et la contribution de l'ATRPT à la prise d'autres textes réglementaires devant régir le secteur des Postes et Télécommunications.

Ce cadre juridique est renforcé par un ensemble de textes communautaires composé de directives de l'UEMOA et des actes additionnels de la CEDEAO. Les actes additionnels dont la transposition dans les législations nationales des pays membres est recommandée par ces deux institutions régionales ont été signés par le Bénin le 19 janvier 2007. Ils permettront, au terme du processus de la transposition à notre pays de disposer d'une part, d'une législation harmonisée avec les autres pays membres de l'UEMOA et de la CEDEAO et d'autre part, de couvrir de façon plus exhaustive, six (06) aspects spécifiques du secteur ayant très peu fait l'objet d'une réglementation appropriée dans notre pays. Il s'agit des actes additionnels relatifs :
- à la gestion du plan de numérotation ;
- à la gestion du spectre de fréquences radioélectriques ;
- à l'accès universel et le service universel ;
- au régime juridique applicable aux opérateurs et fournisseurs de services ;
- à l'accès et l'interconnexion des réseaux et services du secteur des TIC[6];
- à l'harmonisation des politiques et du cadre réglementaire des TIC.

---

[6] TIC : Technologies de l'Information et de la Communication

1.1.2 Au plan économique

Le marché de la téléphonie mobile au Bénin est le plus ouvert en Afrique de l'Ouest. Il compte à ce jour cinq (05) opérateurs. Il s'agit de :

- BENIN TELECOMS SA : opérateur historique disposant du réseau de téléphonie mobile qui opère sous le nom commercial de « LIBERCOM »
- ETISALAT BENIN SA, opérant sous le nom de « MOOV »
- SPACETEL BENIN SA, opérant sous le nom commercial de « MTN »
- BELL BENIN COMMUNICATIONS SA ;
- Glo Mobile BENIN, filiale de l'opérateur GLOBACOM.

Le taux de couverture téléphonique du territoire national varie d'un opérateur à un autre. La couverture téléphonique évaluée par rapport au nombre de communes couvertes se présente comme l'indique le tableau ci-dessous :

Tableau N° 1 : Taux de couverture téléphonique par les réseaux GSM et fixe à fin 2008

OPERATEURS	Nombre de communes couvertes	Taux de couverture estimé
BENIN TELECOMS SA	52	67%
LIBERCOM	60	78%
MTN	67	87%
MOOV	73	95%
BBCOM	53	69%
GLO Mobile	51	66%

Source: ATRPT-BENIN, www.atrpt.bj

1.1.3 Au plan statistique

Le parc des abonnés à la téléphonie mobile au bénin à fin 2008 est estimé à environ 3 625 366 abonnés contre 115 289 pour le téléphone conventionnel. La répartition des abonnés par opérateur est indiquée dans le tableau ci-dessous :

Tableau N° 2 : Evolution du nombre d'abonnés de 2000 à 2008

Années	2000	2001	2002	2003	2004	2005	2006	2007	2008
Fixe									
B.Telecoms	51 644	59 298	62 669	66 511	72 789	76 267	77 342	110 765	115 289
Total Fixe	51 644	59 298	62 669	66 511	72 789	76 267	77 342	110 765	115 289
Mobile									
LIBERCOM	39 800	61 400	68 500	68 407	73 870	75 057	78 164	196 163	190 843
MTN	9 800	34 700	82 770	94 268	165 000	327 910	450 000	790 097	1 182 014
MOOV	5 876	28 900	67 500	73 500	139 060	237 033	272 106	693 941	978 470
BBCOM	-	-	-	-	8 750	110 000	172 000	371 576	709 987
GLO Mobile	-	-	-	-	-	-	-	-	564 052
Total Mobile	55 476	125 000	218 770	236 175	386 680	750 000	972 270	2 051 777	3 625 366
Total Général	107 120	184 298	281 439	302 686	456 139	826 267	1 049 612	2 162 542	3 740 655

Source: ATRPT-BENIN, www.atrpt.bj

Au regard des données, nous pouvons déduire sur la base de la taille de la population béninoise, une évolution de la télédensité (nombre de lignes téléphoniques pour 100 habitants) des réseaux fixe et mobile ainsi qu'il suit :

Tableau N° 3 : Evolution de la télédensité de 2000 à 2008 (en %)

	2000	2001	2002	2003	2004	2005	2006	2007	2008
Télédensité fixe	0,81	0,90	0,93	0,95	1,01	1,03	1,02	1,37	-
Télédensité mobile	0,87	1,90	3,23	3,39	5,38	10,14	13,86	25,48	39,42
Taux de pénétration	1,68	2,80	4,16	4,34	6,40	11,17	14,87	24,96	-

Source: ATRPT-BENIN, www.atrpt.bj

1.1.4 Au plan des normes et services

La norme utilisée par tous les opérateurs est la norme GSM / 900MHZ.

Les services offerts sont divers et sont pratiquement les mêmes chez presque tous les opérateurs en place. Généralement on dénombre le SMS intra réseau, le SMS inter-réseau, le SMS to mail, le téléchargement de sonneries, le transfert de crédit, les numéros favoris, la messagerie vocale, le MMS, le roaming, sauvegarde de répertoire, etc.

1.2 NOTION DE TÉLÉPHONIE MOBILE GSM

1.2.1 Bref aperçu historique de la téléphonie mobile

Les téléphones cellulaires sont venus ajouter de la mobilité à la téléphonie classique fixe. La première génération (1G) de la téléphonie mobile date des années

70 et se caractérise par une transmission analogique (Modulation FM^7+ $FDMA^8$) avec beaucoup de limites (puissance d'émission élevée, nombre limité d'utilisateurs, volume important des équipements, confidentialité inexistante, etc.).

Dès la fin des années 70 jusqu'à la fin des années 90 s'est développée la deuxième génération (2G) de la téléphonie mobile. Elle se caractérise par une transmission entièrement numérique. Elle utilise le cryptage et le chiffrage et permet aussi la détection, la correction d'erreurs et le partage de canaux entre les usagers.

Le réseau GSM constitue un des standards de la téléphonie mobile, les plus utilisés. C'est un standard dit de 2G. Baptisé « Groupe Spécial Mobile » à l'origine de sa normalisation en 1982, il est devenu une norme internationale nommée « Global System for Mobile communications » en 1991.

En Europe, le standard GSM utilise les bandes de fréquences 900 MHz et 1800 MHz. Aux Etats-Unis par contre, la bande de fréquence utilisée est la bande 1900 MHz. Ainsi, on qualifie de tri-bande, les téléphones portables pouvant fonctionner en Europe et aux Etats-Unis et de bi-bande ceux fonctionnant uniquement en Europe.

La norme GSM autorise un débit maximal de 9,6 kbps, ce qui permet de transmettre la voix ainsi que des données numériques de faible volume, par exemple des messages textes (SMS^9) ou des messages multimédias (MMS^{10}).

La deuxième génération concerne également les technologies IS-136 ($TDMA^{11}$) et IS-95 ($CDMA^{12}$).

La Troisième génération (3G) est vite apparue (vers les années 2000) quelques temps après les technologies 2G et ceci grâce aux nombreuses innovations dans la technologie et les services. La 3G n'est pas nécessairement une norme rigide, mais beaucoup plus un ensemble d'exigences pour la plupart des réseaux de téléphonie cellulaire. Deux exigences sont à noter : 2 mégabits de débit maximum en intérieur et 384 Kbits pour l'usage extérieur. Les services offerts vont jusqu'aux e-mails, l'accès internet, le streaming de radio et de télévision, etc. On peut dénombrer dans cette catégorie les technologies UMTS [13] et CDMA2000.

---

[7] FM : Frequence Modulation
[8] FDMA : Frequence Division Multiple Access
[9] SMS : Short Message Service
[10] MMS : MultiMedia Message Service
[11] TDMA : Time Division Multiple Access
[12] CDMA : Code Division Multiple Access
[13] UMTS : Universal Mobile Telecommunications System

Il est à noter qu'on parle aussi des technologies 2,5G (GPRS[14]) et 2,75G (EDGE[15]) qui sont des évolutions intermédiaires vers la 3G.

Notre travail s'appesantira sur la deuxième génération des systèmes cellulaires qui constituent les systèmes les plus déployés dans les pays en voie de développement. L'architecture qui sera retenue sera celle du GSM (Global System Mobile) largement en exploitation dans ces pays.

1.2.2 Architecture du GSM

Les réseaux de téléphonie mobile sont basés sur la notion de cellules, c'est-à-dire des zones circulaires se chevauchant afin de couvrir une zone géographique.

Les réseaux cellulaires reposent sur l'utilisation d'un émetteur-récepteur central au niveau de chaque cellule, appelée « Station de base » (en anglais *Base Transceiver Station*, notée BTS).

Plus le rayon d'une cellule est petit, plus la bande passante disponible est élevée. Ainsi, dans les zones urbaines fortement peuplées, des cellules d'une taille pouvant avoisiner quelques centaines mètres seront présentes, tandis que de vastes cellules d'une trentaine de kilomètres permettront de couvrir les zones rurales.

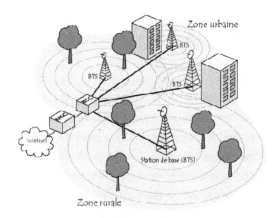

Figure N° 1 : Architecture spatiale du réseau GSM

---

[14] GPRS : General Packet Radio Service
[15] EDGE : Enhanced Data rates for GSM Evolution

L'architecture du GSM est composée de trois niveaux.

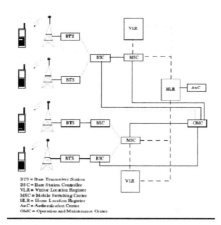

Figure N° 2 : Architecture simplifiée du réseau GSM

<u>Premier niveau</u> : On y retrouve le téléphone mobile (MS : Mobile Station). Il est composé d'une carte SIM (Subscriber Identifier Module) et du téléphone.

Le téléphone et la carte SIM sont les deux seuls éléments auxquels un utilisateur a directement accès. Ces deux éléments suffisent à réaliser l'ensemble des fonctionnalités nécessaires à la transmission et à la gestion des déplacements.

La principale fonction de la carte SIM est de contenir et de gérer une série d'informations liées à l'identification et à la connexion du mobile au réseau.

Le téléphone fournit l'interface radio au second niveau qu'est le sous système de la station de base.

<u>Deuxième niveau</u> : Sous système de la station de base (BSS : Base Station SubSystem). Il est composé de :

- la Station de base (BTS : Base Transceiver Station) : la station de base est l'élément central, que l'on pourrait définir comme un ensemble émetteur/récepteur pilotant une ou plusieurs cellules. Dans le réseau GSM, chaque cellule principale au centre de laquelle se situe une station base peut-être divisée, grâce à des antennes directionnelles, en plus petites cellules qui sont des portions de celle de départ et qui utilisent des fréquences porteuses différentes.

- le Contrôleur de station de base (BSC : Base Station Controller) : Le contrôleur de station de base gère une ou plusieurs stations de base. Ce contrôleur remplit différentes fonctions tant au niveau de la communication qu'au niveau de l'exploitation. Pour les fonctions des communications des signaux en provenance des stations de base, le BSC agit comme un concentrateur puisqu'il transfère les communications provenant des différentes stations de base vers une sortie unique.

Dans l'autre sens, le contrôleur commute les données en les dirigeant vers la bonne station de base. Dans le même temps, le BSC remplit le rôle de relai pour les différents signaux d'alarme destinés au centre d'exploitation et de maintenance. Il alimente aussi la base de données des stations de base. Enfin, une dernière fonctionnalité importante est la gestion des ressources radio pour la zone couverte par les différentes stations de base qui y sont connectées. En effet, le contrôleur gère les transferts intercellulaires des utilisateurs dans sa zone de couverture, c'est-à-dire quand une station mobile passe d'une cellule dans une autre. Il doit alors communiquer avec la station de base qui va prendre en charge l'abonné et lui communiquer les informations nécessaires tout en avertissant la base de données locale VLR (Visitor Location Register) de la nouvelle localisation de l'abonné.

Troisième niveau : le Sous système réseau (NSS : Network Switching Center) : le sous-système réseau joue un rôle essentiel dans un réseau mobile. Alors que le sous-réseau radio gère l'accès radio, les éléments du *NSS* prennent en charge toutes les fonctions de contrôle et d'analyse d'informations contenues dans des bases de données nécessaires à l'établissement de connexions utilisant une ou plusieurs des fonctions suivantes : chiffrement, authentification ou roaming.

Le *NSS* est constitué de :
- Mobile Switching Center (MSC)
- Home Location Register (HLR) / Authentication Center (AuC)
- Visitor Location Register (VLR)
- Equipment Identity Register (EIR)
- Centre de commutation mobile (MSC)

Le centre de commutation mobile est relié au sous-système radio via l'interface A. Son rôle principal est d'assurer la commutation entre les abonnés du réseau mobile et ceux du réseau commuté public (RTC) ou de son équivalent numérique, le réseau RNIS (ISDN en anglais). De plus, il participe à la fourniture des différents services aux abonnés tels que la téléphonie, les services supplémentaires et les services de messagerie. Il permet encore de mettre à jour les différentes bases de données (HLR et VLR) qui donnent toutes les informations concernant les abonnés et leur localisation dans le réseau.

Les commutateurs MSC d'un opérateur sont reliés entre eux pour la commutation interne des informations. Des MSC servant de passerelle (*Gateway* Mobile Switching Center, GMSC) sont placés en périphérie du réseau d'un opérateur de manière à assurer une interopérabilité entre réseaux d'opérateurs.

1.2.3 Le service SMS

La technologie SMS a été créée en Europe par les pionniers du GSM. Le processus de standardisation a été dirigé par l'ETSI[16]. Cette technologie a été créée pour fournir une infrastructure de transport de messages courts contenant au maximum 140 octets de données utiles dans les réseaux de téléphonie mobile. Un SMS est une chaîne binaire qui contient toute l'information nécessaire pour constituer l'entête dont on a besoin pour le transport et le corps du message qui contient le texte alphanumérique. Les schémas d'adressage de base du SMS sont les numéros de téléphone mobiles encore appelés MSISDN (Mobile Station ISDN).

La feuille technique de la technologie SMS est la suivante :

Standard: GSM (ETS 03.40)

Transport technologie: GSM Signalling Path, GPRS

Transport protocol: Short Message protocol

Addressing Scheme: MSISDN

Message Description Language : SMS PDU

User date length : 140 octets (messages concaténés dépassent cette taille)

Basic character set : 7-bits SMS, 8-bit SMS, UCS2

On ne peut pas parler de SMS dans le monde de la téléphonie mobile sans faire référence au système de signalisation N°7 (SS7 : Signalling System N° 7). En effet les messages SMS sont véhiculés dans la signalisation.

1.2.4 Le Système de signalisation SS7

La signalisation SS7 est un moyen d'échanger des informations entre les éléments du réseau de télécommunication. C'est une méthode de signalisation qui utilise la commutation de paquets. En effet le canal sémaphore (CS ou SL pour Signalling Link) achemine sous la forme de messages appelés trames sémaphores

---

[16] ETSI : European Telecommunications Standards Institute

l'information de signalisation se rapportant à des circuits ou à des messages de gestion et de supervision.

SS7 est un système de signalisation hors bande c'est-à-dire que le signal n'est pas transporté dans le même canal avec les données utiles. Il est caractérisé par un débit de transmission élevé qui est de l'ordre de 56 ou 64 Kbits/s.

Au début la signalisation et la voix empruntaient le même canal. Mais dans la téléphonie à circuits commutés, la signalisation emprunte un canal différent. Cela donne au réseau plus de capacité, plus de vitesse, moins de fraude et plus de flexibilité. SS7[17] est visée par de nombreux autres noms, y compris CCS7 (Common Channel Signalling System 7), C7, Numéro 7, et CCIS7 (Common Channel Interoffice Signalling 7).

Il permet la mise en œuvre de plusieurs applications :

- Gestion des appels de base : établissement, maintenance, rupture ;
- Gestion de la mobilité dans les réseaux GSM : roaming, identification, authentification et localisation des usagers mobiles ;
- Acheminement de messages courts (SMS) ;
- Applications RI (Réseau Intelligent) ;
- Gestion de numéros spéciaux ;
- Services complémentaires : transfert d'appels, conférence à 3 ;
- Gestion de réseaux privés virtuels (VPN) ;
- Portabilité de numéros (Local Number Portability, LNP) ;
- Gestion de cartes prépayées.

1.2.4.1 Le principe de la signalisation SS7

Le principe de la signalisation sémaphore, SS7 est de dissocier les voies de signalisation des voies de communication : c'est un système de signalisation par canal sémaphore (CCS, Common Channel Signalling). La signalisation par canal sémaphore est une méthode dans laquelle le canal sémaphore (CS ou SL, Signalling Link) achemine, sous la forme de messages étiquetés appelés trames sémaphores, les informations de signalisation. Ces informations se rapportent à des circuits ou

---

[17] http://www.tech-faq.com/lang/fr/ss7.shtml

constituent des messages de gestion et de supervision du réseau. Les trames sémaphores sont de longueur variable et se composent de deux parties :

- Un domaine d'information de signalisation de longueur variable (272 octets maximum), qui contient les informations émises par un utilisateur ;
- Deux domaines de longueur fixe (7 octets en tout) qui contiennent les informations nécessaires à la commande du transport des messages.

1.2.4.2 Le modèle[18] de signalisation SS7

La structuration du réseau SS7 en couches est influencée par le modèle OSI (Open Systems Interconnection). Le réseau SS7 est constitué d'éléments interconnectés qui échangent de l'information afin de supporter les fonctions de télécommunication. Le protocole SS7 est destiné à faciliter ces fonctions et à maintenir le réseau à travers lequel elles sont fournies. Comme la plupart des protocoles modernes, le protocole SS7 possède un modèle en couches.

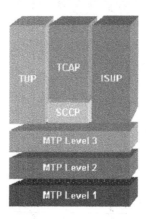

Figure N° 3 : Modèle OSI et Modélisation du code SS7

Le protocole SS7 est divisé en quatre (4) niveaux fonctionnels :

- le Niveau 1 correspond à la couche physique ;
- le Niveau 2 est équivalent à la couche liaison de données ;
- le Niveau 3 correspond à la couche réseau ;

---

[18] http://wapiti.telecom-lille1.eu/commun/ens/peda/options/ST/RIO/pub/exposes/exposesrio1998/SS7&IP/page2.html

- le Niveau 4 représente la partie utilisateur et englobe les couches supérieures du modèle OSI.

Les différentes couches constituant ce modèle sont les suivantes :

□ **Message Transfert Part (partie transfert du message), MTP**

Le MTP est divisé en trois niveaux :

o **MTP Level 1 :** Le niveau le plus bas, MTP Level 1, est équivalent à la Couche Physique du modèle OSI. MTP Level 1 définit les caractéristiques physiques, électriques et fonctionnelles des liens de signalisation numériques du réseau SS7. Les liens de signalisation utilisent des canaux DS0 et transportent les informations de signalisation de ligne à un débit de 56 voire 64 kbps.

o **MTP Level 2 :** Le niveau 2 fournit les fonctionnalités de la Couche Liaison de Données. Il garantit que les deux extrémités d'un lien de signalisation peuvent échanger des messages de signalisation de manière fiable. Il introduit des fonctionnalités telles que le contrôle d'erreur, le contrôle de flux, la vérification du séquencement.

Lorsqu'une erreur survient sur un lien de signalisation, le message est retransmis.

o **MTP Level 3 :** Le niveau 3 assure les fonctions de la Couche Réseau. Il garantit l'acheminement des messages entre les points de signalisation du réseau SS7, qu'ils soient ou non directement connectés. Il introduit des fonctionnalités telles que l'adressage des nœuds de réseau, le routage, le routage de secours, le contrôle de congestion.

□ **ISDN User Part (partie Usager RNIS), ISUP**

ISUP définit le protocole utilisé pour établir, gérer les appels et libérer les circuits alloués pour transporter voix et données entre les commutateurs d'extrémité. ISUP est utilisé pour les appels RNIS, mais également pour les appels classiques. Cependant, les appels issus d'un commutateur et qui sont à destination du même commutateur n'utilisent pas la signalisation ISUP.

□ **Telephone User Part (partie Usager téléphonique), TUP**

Dans certains pays (Brésil, Chine ...), TUP est utilisé pour supporter les appels basiques et la libération des circuits. TUP concerne uniquement les circuits analogiques. Dans la plupart des pays, ISUP a remplacé TUP pour la gestion des appels.

☐ **Signalling Connection Control Part (partie Contrôle de la connexion de signalisation), SCCP** : SCCP fournit des services réseau en mode non connecté ou en mode connecté, et des capacités de traduction de titre global (GTT, Global Title Translation) au dessus de la couche MTP Level 3. Un titre global est une adresse (par exemple un numéro en 0800, appelant un numéro de carte bancaire ou le numéro d'identification d'un abonné mobile) qui est traduit par SCCP en un code de point de destination et un numéro de sous-système. Un numéro de sous-système identifie uniquement une application au point de signalisation de la destination. SCCP est utilisé comme une couche transport pour les services TCAP.

☐ **Transaction Capabitities Applications Part (partie Applications assurant les transactions)TCAP** : TCAP assure l'échange d'informations qui ne sont pas relatives aux circuits à travers le réseau SS7, en utilisant les services SSCP en mode non connecté. Les requêtes et les réponses échangées entre les points de signalisation et les points de contrôle du réseau sont transportées dans les messages TCAP.

1.2.4.3 Les différents types de message SS7

Les informations de signalisation circulent sur les liens de signalisation sous forme de messages, appelés Signal Units (SU) ou unités de signal. Trois types de SU sont définis dans le protocole SS7 :

- Message Signal Units (MSU) ;
- Link Status Signal Units (LSSU) ;
- Fill-in Signal Units (FISU).

Les SU sont transmis de manière continue dans les deux directions sur tout lien en service. Un point de signalisation qui n'a pas de MSU ou de LSSU à envoyer enverra des FISU sur le lien. Comme leur nom l'indique, les FISU permettent d'effectuer du " bourrage " sur les liens de signalisation jusqu'à ce qu'il y ait nécessité d'envoyer de l'information pertinente. Ils permettent également de faciliter la supervision des liens et d'accuser réception des autres SU.

1.2.4.4 La structure des messages SS7

Les SU de chaque type suivent un schéma qui leur est propre.

Format des SU :

FILL-IN SIGNAL UNIT

Longueur en octets	1	1	1	1	1
	Flag	BSN/ BIB	FSN/ FIB	Lenght Indicator	Check Sum
Ordre de transmission		1	2	3	4

LINK STATUS SIGNAL UNIT

Longueur en octets	1	1	1	1	1 or 2	1
	Flag	BSN/ BIB	FSN/ FIB	Lenght Indicator	Status Field	Check Sum
Ordre de transmission		1	2	3	4	5

MESSAGE SIGNAL UNIT

Longueur en octets	1	1	1	1	1	8 - 272	1
	Flag	BSN/ BIB	FSN/ FIB	Lenght Indicator	Service Info Octet	Signaling Info.	Check Sum
Ordre de transmission		1	2	3	4	5	6

Chacun des trois types de SU contient des champs communs qui sont utilisés par la Couche 2 (MTP - Level 2).

1.2.4.5 L' adressage dans un réseau SS7

Chaque réseau doit disposer d'un schéma d'adressage, le réseau SS7 n'est pas différent. Des adresses réseau sont nécessaires afin qu'un nœud de réseau puisse échanger de la signalisation avec les nœuds auxquels il n'est pas physiquement connecté. Dans SS7, les adresses sont assignées en utilisant une hiérarchie à trois niveaux :

- les points de signalisation individuels sont identifiés comme appartenant à un " Cluster " de points de signalisation ;
- à l'intérieur d'un Cluster, chaque point de signalisation se voit attribuer un numéro de " Membre " ;
- un Cluster est définit comme appartenant à un " Réseau ".

Tout nœud du réseau SS7 Américain peut être adressé avec un numéro à trois niveaux, incluant ses numéros de Réseau, Cluster et Membre. Chacun de ces numéros est codé sur 8 bits et est compris entre 0 et 255. Cette adresse à trois niveaux est appelée "code du point " du point de signalisation. Les numéros de réseau sont attribués à l'échelle nationale par un organisme neutre.

1.2.4.6   La signalisation SS7 dans un réseau GSM

Il y a deux types de signalisation dans le réseau GSM :

- la signalisation LAPD dans le BSS (entre le BSC et le BTS)
- la signalisation SS7 dans le NSS (entre BSC et MSC, MSC et MSC, MSC-HLR, MSC-AuC, MSC-SMC, MSC-PSTN)

Trois couches de protocoles spécifiques au GSM s'ajoutent. Il s'agit de :

- La BSSAP (Base Station Subsytem Application Part) : il est utilisé lorsqu' un MSC communique avec un BSC et un téléphone portable. Tant que le téléphone portable et le MSC ont à communiquer via le BSC, il doit avoir une connexion virtuelle. Aussi les services de SCCP sont nécessaires
- Le MAP (Mobile Application Part) : dans le cas de la mise à jour de la première localisation d'un abonné par roaming, le VLR doit chercher les informations de l'abonné chez son HLR via la passerelle MSC du réseau originel de l'abonné. Le MAP est utile comme couche de protocole pour signalisation entre les éléments du NSS
- Le TCAP (Transaction Capabilities Application Part) : les échanges de messages entre plusieurs éléments utilisant la MAP ont besoin d'un gestionnaire qu'est la couche de protocole TCAP.

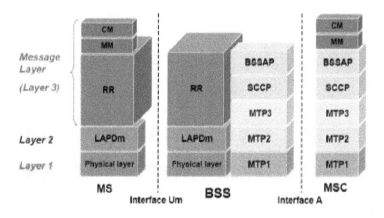

Figure N° 4 : Protocoles utilisés dans divers éléments du réseau GSM

CONCLUSION

Le secteur des télécommunications du Bénin est en plein chantier. Si les statistiques au niveau de la téléphonie fixe n'ont pas évoluées outre mesure, elles ont connu par contre un essor considérable au niveau de la téléphonie mobile avec de nos jours plus de 3,5 millions d'abonnés et des taux de couverture appréciables. Ouvert aux opérateurs privés depuis 1999, le secteur a souffert d'une anarchie qui a prévalu jusqu'en 2007, année de création de l'ATRPT, organe chargé de la régulation du secteur. Depuis lors, un nouvel arsenal juridique et réglementaire se met progressivement en place pour mieux contrôler le secteur.

La technologie GSM est la plus installée car elle convient le plus pour l'instant à nos réalités (coût moins élevé et facilité d'installation). Progressivement l'évolution vers des technologies de 3G s'entreprend. L'architecture de cette norme GSM et la présentation de la signalisation SS7 ont été largement abordées dans le présent chapitre.

Dans le chapitre suivant, nous présenterons le cahier de charge du service à valeur ajoutée que nous nous proposons de mettre en place : l'annuaire GSM.

CHAPITRE 2

CAHIER DE CHARGES DU SERVICE A VALEUR AJOUTEE : ANNUAIRE GSM

INTRODUCTION

Dans le souci de proposer le service à valeur ajoutée concernant l'Annuaire GSM, nous nous attèlerons dans ce chapitre à décrire le contenu de son cahier de charges. Ce cahier de charges nous servira de guide dans la description de la solution proposée ainsi que dans sa mise en œuvre. Nous essayerons de montrer l'intérêt du service de l'annuaire GSM et comment le mettre en œuvre en utilisant les SMS. Ainsi donc à travers ce chapitre, nous exposerons dans un premier temps le cahier de charges du service, puis ensuite l'état de l'art et enfin nous aborderons le plan d'affaire pouvant accompagner ce service.

2.1 CAHIER DE CHARGES DE L'ANNUAIRE GSM

2.1.1 La problématique de l'étude

L'annuaire téléphonique tire son origine des almanachs apparus en Europe à partir du Moyen Age. C'est à Sébastien Bottin qu'on doit la publication du premier almanach du commerce et de l'industrie en 1797.

L'annuaire de façon générale est une publication (imprimée ou électronique) mise à jour chaque année qui regroupe des informations (nom, adresse, coordonnées, numéros de téléphone,...) des abonnés du service téléphonique.

C'était beaucoup plus de supports papiers retraçant les usagers du téléphone fixe classique.

Avec l'évolution de la technologie et l'introduction de la téléphonie mobile, l'idée d'avoir un annuaire universel devient de plus en plus une nécessité impérieuse et ce besoin, de jour en jour croissant.

Dans le même temps, on note le développement d'une multiplicité d'annuaires organisés selon des critères bien définis. Ainsi on peut avoir l'annuaire des professionnels, l'annuaire des particuliers, l'annuaire des entreprises, celui des emplois, des sports, des locations, etc.

Le très faible taux de pénétration d'Internet dans les pays en voie de développement ne permet pas d'envisager ces formes d'annuaires comme des solutions à nos besoins.

Pour être un abonné GSM, il suffit d'avoir un appareil mobile GSM et une carte SIM d'un opérateur GSM. L'acquisition d'une carte SIM est libre et très souvent sans aucune formalité. De ce fait, le répertoire des abonnés est difficilement maîtrisable par les opérateurs GSM.

Comment au jour d'aujourd'hui pouvoir répondre par exemple aux besoins d'un abonné qui cherche à connaître l'identité du propriétaire d'un numéro de téléphone ? Voilà un besoin simple mais complexe à satisfaire en l'état actuel de notre réseau de téléphonie mobile.

La problématique est très préoccupante dans les pays développés à tel point que par exemple en France c'est l'ARCEP[19] qui a pris en main le dossier. Des recommandations fermes sont données aux différents opérateurs de téléphonie de reconstituer l'annuaire de leurs abonnés. S'inspirant de cet état de chose, les pays en voie de développement tireraient grand profit à se lancer dès maintenant dans cette tâche laborieuse.

Les moyens pour atteindre ces objectifs sont nombreux et on peut citer :

- mise à disposition d'une ligne spéciale au niveau de la clientèle pour permettre aux abonnés d'appeler à prix réduit et de communiquer les informations nécessaires sur leur inscription à l'annuaire au service de la clientèle ;

- créer une page web d'inscription aux abonnés ayant le privilège d'Internet pour remplir gratuitement les mêmes formalités ;

- proposer un service presque gratuit, moins contraignant, se basant sur ce qu'il y a de plus utilisé dans les services GSM, le SMS, pour s'inscrire directement dans l'annuaire.

Evidemment dans notre contexte, la troisième formule sera notre choix. Cela n'augure pas d'un succès d'emblée car il faudra bien trouver un moyen incitatif pour amener l'abonné à adhérer à cette cause. Aussi faudra t-il compter avec le taux d'analphabétisme élevé dans les pays comme les nôtres et qui sera à ne point en douter, un handicap certain.

---

[19] ARCEP : Autorité de Régulation des Communications Electroniques et des Postes

2.1.2 La problématique spécifique des annuaires

Les fonctions d'un annuaire s'apparentent à celles d'une base de données. C'est pourquoi les questions relatives à la conception des systèmes d'information et aux bases de données se posent dans les mêmes termes lors de la conception et de la mise en œuvre d'un annuaire.

En particulier, il est nécessaire de réfléchir sur :

- les objectifs de l'annuaire et son contexte d'utilisation ;
- la nature des objets gérés ;
- l'identifiant de ces entités ;
- les informations (attributs qui doivent être gérés) ;
- la population des utilisateurs (en consultation, et en administration : qui est le propriétaire de l'information correspondante, qui est à la source de l'information) ;
- les moyens d'alimentation et d'administration des données ;
- la sécurité des informations ;
- les moyens techniques de mise en œuvre (outils d'annuaire, moyens de consultation...).

2.1.3 Les objectifs du système

2.1.3.1 Objectifs du service à offrir

L'annuaire GSM à mettre en place doit être vu comme un service particulier à valeur ajoutée qui sera offert aux abonnés par les opérateurs de téléphonie mobile. Ce service est adapté au contexte particulier des pays en voie de développement et doit tenir compte de leurs réalités en matière de téléphonie mobile. Aussi le service ne doit-il pas être réservé à une catégorie de personnes, ni à une catégorie de type de téléphone mobile. En tenant compte des moyens limités de la plupart des abonnés, le service doit être accessible par tout le monde, partout et n'importe quand. Nous envisageons aussi mettre en place une architecture qui ne bouleverse pas l'existant de l'opérateur et qui s'intègre aisément sans grand surcoût dans son environnement d'exploitation. Seulement quelques nouvelles fonctionnalités vont être implémentées et vont interagir avec l'existant sans le bouleverser.

Au-delà de toutes considérations, c'est un service qui offrira une certaine flexibilité, fiabilité, tolérance de panne et sécurité de l'information. Il offrira une certaine adaptabilité en tenant compte du volume d'abonnés à gérer.

En tenant compte des réalités des pays plus avancés dans la technologie du mobile, les exigences en matière d'abonnement et d'usage doivent être les plus simples que possible afin que le maximum d'abonnés puisse être répertorié.

2.1.3.2 Les exigences d'abonnement

Aucune exigence ne doit être faite en matière d'abonnement à ce service. L'abonnement doit être libre puisqu'aucune loi ne contraint l'abonné à le faire. Cette marge de liberté constituera le véritable goulot d'étranglement du succès de l'effectivité du service. Il suffit pour cela d'examiner de nouveau les conditions dans lesquelles les souscriptions d'abonnement à la téléphonie GSM se font dans la plupart de nos pays en voie de développement.

Les services commerciaux des différents opérateurs de la téléphonie mobile ainsi que leurs distributeurs agréés doivent dorénavant proposer la question de l'abonnement à l'annuaire à tout abonné (nouveau comme ancien).

2.1.3.3 Les exigences d'usage

Les informations de l'abonné dans l'annuaire concerneront essentiellement :
- son numéro de mobile ;
- son nom et prénoms ;
- son adresse ;
- sa profession ;
- son secteur d'activité.

L'opération d'inscription à l'annuaire oblige l'abonné à fournir tout au moins son nom. Les informations comme son adresse, sa profession et autres ne sont pas obligatoires à l'inscription par SMS. Le numéro de l'abonné est récupéré à partir du numéro du MS (Mobile Station) utilisé par l'abonné pour s'abonner.

Dans le cas d'une inscription en ligne sur Internet, la fourniture de toutes les informations sera obligatoire.

Une fois inscrit à l'annuaire GSM, l'abonné peut bénéficier des avantages du service de l'annuaire. Un non abonné au service ne peut en aucun cas jouir des avantages du service. Les possibilités offertes à l'abonné au service peuvent être :

- la mise à jour des informations d'inscription : il peut chercher à modifier l'écriture de son nom, son adresse, sa profession, son secteur d'activité. Ces opérations ne peuvent être faites qu'à partir de la carte SIM dont le numéro a servi à l'abonnement

- la consultation de l'annuaire : l'abonné au service Annuaire GSM peut interroger l'annuaire ainsi constitué pour rechercher un autre abonné, soit en connaissant son numéro de téléphone mobile, soit une partie de son nom.

La forme la plus simple de recherche d'abonné est la forme inversée de l'annuaire permettant de retrouver à partir d'un numéro de mobile, l'identité de l'abonné. Cependant la possibilité de le rechercher par rapport à son nom existe mais compte tenu de l'écriture du nom laissé libre à l'abonné, les résultats de pareilles requêtes peuvent ne pas être à la hauteur des attentes. La possibilité de rechercher les abonnés inscrits d'une profession donnée, d'un secteur d'activité donné sera également offerte.

- l'annulation de l'abonnement de l'abonné. Ce dernier peut décider de ne plus figurer dans l'annuaire car rien ne l'y oblige et comme sa volonté doit être respectée, cette possibilité est ainsi offerte par le service à mettre en œuvre.

2.1.3.4 Les exigences des mécanismes d'interaction

Le mécanisme d'interaction des abonnés GSM avec le service à mettre en place sera le SMS. Il est simple d'utilisation et très connu des abonnés GSM des pays en voie de développement pour lesquels le service est conçu. La possibilité existera aussi de pouvoir interagir au moyen d'une page web mise à la disposition de la clientèle.

2.1.3.4.1 Interaction au moyen du SMS

L'abonné GSM envoie un SMS d'un certain format donné pour s'inscrire à l'annuaire GSM. Une fois abonné, il jouit des autres avantages (mise à jour, consultation, annulation d'abonnement) du service en envoyant à chaque fois les SMS correspondants.

Le format des SMS dans chacune de ces conditions sera détaillé dans la partie consacrée à la réalisation du prototype.

2.1.3.4.2 Interaction au moyen d'une page web

L'opérateur GSM met à la disposition de sa clientèle une page web lui permettant de réaliser les mêmes opérations qu'avec le SMS dans le cadre du service de l'Annuaire GSM.

2.1.4 Architecture proposée

Il s'agit ici pour nous de présenter les nouveaux composants du système et la façon dont ceux-ci vont s'insérer dans l'existant d'un réseau GSM classique. Les entités fonctionnelles et interfaces sont présentées et illustrées par des scénarii.

2.1.4.1 Entités fonctionnelles et Interfaces

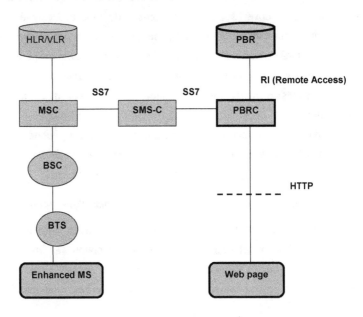

Figure N° 5 : Architecture globale du Système

PBR: Phone Book Repository
PBRC: Phone Book Repository Controller
RI : Repository Interface

2.1.4.2 Scenarii illustratifs

Deux scenarii seront présentés et correspondent aux deux formes d'interaction avec l'annuaire GSM à constituer. Un premier scénario présentera le cas où l'abonné souscrit à une inscription à l'annuaire GSM ou modifie les informations de sa souscription par SMS ou consulte une information et un second scénario présentera le cas où l'abonné décide de modifier les informations de son inscription via une page web.

Scénario 1 : *Souscription à l'Annuaire GSM ou modification des informations de souscription ou consultation d'information par SMS*

L'abonné envoie un message au PBRC pour lui annoncer son intention de s'abonner au service de l'Annuaire GSM. Le PBRC quant à lui envoie un message à son tour au PBR pour la création d'une entrée dans la base de données de l'Annuaire GSM. En supposant que cette dernière tâche s'est accomplie avec succès, l'abonné peut continuer à envoyer d'autres messages au PBRC dans le but de compléter ses informations de l'abonnement, de modifier des informations déjà existantes ou de faire des consultations dans l'annuaire.

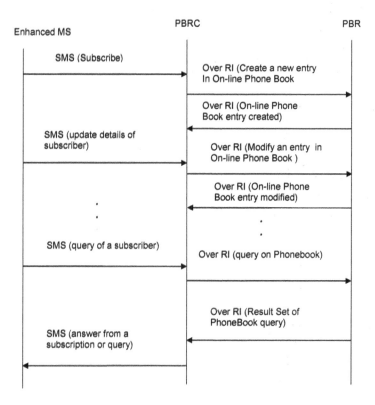

Figure N° 6   Séquence de messages et d'évènements : cas abonnement à l'annuaire, mise à jour d'informations personnelles et consultation de l'annuaire

<u>Scénario</u> 2 : *Modification des informations de souscription via une page web*

Par le biais d'une page web assez convivial qu'offrira le prestataire de service GSM, l'abonné au Service de l'Annuaire GSM pourra effectuer des mises à jour sur les informations le concernant. Ces modifications sont envoyées au PBRC. Le PBRC met à jour l'information au niveau du PBR après contrôle. Des notifications sont envoyées par SMS sur le téléphone mobile de l'abonné au sujet des modifications effectuées.

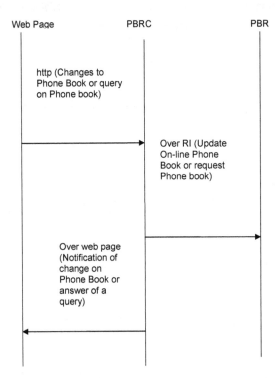

Figure N° 7 : Séquence d'évènements dans le cas de mise à jour d'informations dans l'annuaire GSM via une page web

2.1.4.3 Grandes lignes du travail à faire

Au vu de tout ce qui a été précédemment exposé à travers le cahier de charges, il s'agira de mettre en place deux grands dispositifs : le PBRC et le PBR.

Le PBRC aura pour rôle d'interpréter ou d'analyser les requêtes des abonnées à lui soumis par SMS et de répondre à ces derniers également par SMS. Il doit permettre aux abonnés de procéder à certaines modifications via une page web. Pour ce faire, il doit supporter les protocoles http (page web), SS7 (SMS) et interagir avec la base de données qu'est le PBR.

Le PBR est la base de données qui abritera les données de l'Annuaire GSM. Le choix du type de base de données dépendra de l'évaluation qui sera faite du service à mettre en place. Cette base de données peut être centralisée mais beaucoup plus répartie. L'intérêt est de pouvoir répondre aux besoins de la clientèle à propos de l'Annuaire GSM. La partie suivante nous exposera les choix à faire selon les critères définis.

2.2 ETAT DE L'ART

De nos recherches, nous retenons que ce type de service tel que nous l'envisageons n'existe pas encore chez les opérateurs GSM locaux.

La tendance à créer à l'image du téléphone fixe, un annuaire des abonnés de la téléphonie mobile a toujours été une préoccupation des opérateurs mais plusieurs goulots d'étranglement se trouvent sur leur chemin. La liberté de s'inscrire ou non constitue d'abord une problématique qui ne sera pas de sitôt levée.

En France[20], suite au lancement du projet de l'annuaire universel visant à référer dans les annuaires et services de renseignements tous les numéros de téléphone fixes, mobiles et autres abonnés de la VoIP par l'ARCEP (Agence de Régulation de la Communication Electronique et des Postes), le constat amer est que ce sont les opérateurs mobiles qui sont les plus mauvais contributeurs. SFR a entre 5% et 10% de ses abonnés inscrits à l'annuaire universel, Bouygues Telecom est à 1% et Orange à moins de 0,1% pendant que le téléphone fixe est à plus de 70% vers fin juillet 2007.

Pour en arriver à ce résultat mitigé, ces opérateurs offrent un service gratuit d'inscription à l'annuaire universel. Dans leurs cas, soit à l'achat de la SIM, l'abonné est invité s'il le désire à s'inscrire à l'annuaire ou il est invité à appeler un numéro spécial pour fournir les informations d'inscription à l'annuaire universel.

Le contexte spécial des pays en voie de développement comme le nôtre ne fournit pas un accès simple et populaire à Internet d'où la nécessité de trouver un

---

[20] http://www.arcep.fr/index.php?id=8742 : tableau de bord de l'annuaire au 14 Septembre 2008

mécanisme d'accès universel, facile et à la portée des utilisateurs des services de la téléphonie cellulaire. C'est ce qui justifie le choix du SMS.

Certains opérateurs proposent également à travers une page web, l'inscription à leur annuaire. Mais ce genre de service ne connait pas jusqu'à nos jours un grand succès pour les opérateurs de téléphonie mobile.

Pour ne pas se mettre en marge de ce combat commun, nous essayons une solution en tenant compte de nos réalités très souvent différentes des autres en espérant que cela peut être un élément précurseur dans la volonté ou le désir des organes de régulation des télécommunications des pays en voie de développement de saisir l'opportunité de se lancer très tôt dans la constitution d'un annuaire de la téléphonie mobile.

2.3 PLAN D'AFFAIRE

2.3.1 Le produit : Service Annuaire GSM

Il est né du besoin pour les abonnés dans des circonstances données de chercher à connaître l'identité d'un abonné dont on dispose du numéro, ou quelque fois aussi connaître le numéro d'un abonné dont on connaît le nom, et mieux connaître également les numéros des personnes morales (entreprises) travaillant dans un secteur ou une profession donnée. Aucune loi n'oblige l'abonné à la téléphonie mobile à s'inscrire dans un annuaire. En tenant compte des conditions d'obtention des cartes SIM dans les pays en voie de développement comme le nôtre, il va falloir trouver une bonne politique ou une formule très peu contraignante pour amener l'abonné à s'inscrire.

Le service proposé est nouveau dans le monde de la téléphonie mobile au Bénin. Il peut être un succès si les abonnés y adhèrent massivement.

2.3.2 Le marché

La cible de ce nouveau service est la masse des abonnés au GSM tout opérateur confondu. Les personnes morales vont en faire leur choux gras car c'est une aubaine pour elles de se faire facilement repérer. Les personnes physiques qui ne trouvent aucun inconvénient à s'inscrire seront aussi une cible importante.

Le marché est certes vaste, mais le taux d'analphabétisme peut constituer un frein à l'atteinte de résultats probants. C'est un service à long terme très utile et rentable.

2.3.3 La concurrence

Si tous les opérateurs mettent en œuvre le service, chacun d'eux pourra s'occuper de ses abonnés. Cependant, s'il y a en un qui prend la responsabilité de lancer seul le service, il faudra qu'il accepte les inscriptions provenant des autres opérateurs des réseaux concurrents.

2.3.4 La promotion

L'objectif est d'attirer le maximum d'abonnés possible des réseaux GSM des opérateurs. En tenant compte des résultats mitigés obtenus pour l'instant dans des pays du Nord, il est plus prudent de proposer à la clientèle un tarif attrayant. Ainsi on pourrait avoir :

- Chaque SMS d'inscription à l'annuaire GSM se fera au prix d'envoi d'un SMS ordinaire ;
- le service de consultation sera payant par SMS reçu ;
- l'annulation de l'abonnement sera surtaxée.

2.3.5 Analyse du modèle d'affaire

Envisageons un modèle d'affaire à quatre scénarii :

2.3.5.1 Scénario 1 : Annuaire offert par chaque opérateur à ses propres abonnés

Ce scénario de modèle d'affaire est celui qui responsabilise chaque opérateur dans la constitution de l'annuaire de la téléphonie mobile.

Ainsi chaque opérateur a l'obligation d'user de tous les moyens pour faire enregistrer le maximum d'abonnés de son réseau.

Une pareille opération promotionnelle pourrait connaître un succès s'il est couplé avec des avantages (réduction du coût d'appel sur une période, gratuité d'un certain nombre de message SMS après inscription, etc.). Le souci de l'opération est de rallier le maximum d'abonnés en un temps record et de mettre en place les dispositions nécessaires pour systématiquement enregistrer (s'ils le veulent bien) les nouveaux abonnés.

La charge pour l'opérateur est l'adjonction à son système d'un contrôleur de répertoire et une base de données des abonnés.

Ces charges doivent s'amortir dans le temps avec les services à proposer sur l'Annuaire GSM.

Cependant il est important si on veut faire une évaluation de tenir compte du degré d'instruction des abonnés et de remarquer que la grande majorité ne sait pas utiliser un SMS. Pour un exercice d'évaluation, cet aspect doit être énormément pris en compte.

Pour un abonné instruit et utilisateur du SMS, quel peut être le nombre moyen de requêtes par an qu'un abonné pourra faire sur le système de l'annuaire par exemple ?

Une quantification du coût de ces requêtes pourra donner une idée des recettes à attendre surtout que chaque SMS de requête sur l'annuaire pourrait avoir un coût, fonction de la masse d'informations à transférer.

Aussi les consultations depuis le site web doivent être taxées d'un forfait à inclure dans la facture de l'abonné s'il est en abonnement ou à déduire du crédit de l'abonné s'il est en prépayé.

2.3.5.2 Scénario 2 : Annuaire offert par un opérateur à tous les abonnés de tous les réseaux

- *Approche collaborative*

Cette facette du scénario est probable mais nécessite que cette collaboration soit franche et sincère de manière à ce que l'opération profite équitablement à l'ensemble des acteurs en jeu. De commun accord, le cahier de charges doit être défini et évalué par tous les acteurs. L'opérateur désigné pour piloter le service doit aussi accepter la charge de son réseau résultant de la mise en œuvre du nouveau service et s'équiper en conséquence pour ne pas offrir un service dégradé.

Alors la question se posera de savoir, comment chacun des opérateurs arrivera à tirer son épingle du jeu ?

Une évaluation juste des charges et une répartition juste et équitable retenue de commun accord pourrait en être une solution.

Si réellement un pareil accord est obtenu, ce serait une solution parmi tant d'autres mais qui ne reste toujours pas sans inconvénients.

- *Approche conflictuelle*

Elle semble la plus probable dans ce contexte. Aucun opérateur n'acceptera que son concurrent s'occupe de la gestion de sa clientèle en ce qui concerne l'annuaire. En effet le coût du SMS d'abonnement pour les abonnés du réseau de l'opérateur qui gère la base de données ne peut en aucun cas être le même que celui des abonnés des autres opérateurs. En effet l'interconnexion entre les opérateurs a un coût et une pareille opération ne saurait être envisagée sans penser à ce facteur.

Dans cette approche, les opérateurs autres que celui qui gère l'annuaire se retrouveraient dans une situation désavantageuse pour leur clientèle.

En effet dans les échanges de SMS dans le cadre de la mise en œuvre du service vont être plus chèrement taxés du fait de l'interconnexion qui va ajouter sa charge supplémentaire.

Le résultat final sera que seuls les abonnés du réseau de l'opérateur désigné auront la facilité d'accès au service. Très peu d'abonnés des autres réseaux vont souscrire au service et de ce fait les objectifs visés ne seront pas atteints.

Dans tous les cas de figures, la problématique à résoudre est de trouver la bonne approche qui amènera le maximum d'abonnés à souscrire un abonnement à l'annuaire GSM.

2.3.5.3 Scénario 3 : Annuaire offert par chaque opérateur à tous les abonnés de tous les réseaux

Ce scénario rejoint en partie la précédente, seulement que ici c'est l'abonné qui est libre de s'inscrire chez l'opérateur qu'il désire. Le bon sens nous amène à dire qu'une telle démarche ne peut être acceptée des opérateurs.

Etant donné que les bases de données localisées chez chacun des opérateurs ne sont pas à priori reliées entre elles, où se trouve l'intérêt d'un abonné d'un réseau X qui souscrit son abonnement chez Y et demande des informations sur des abonnés de X ? Il n'a pratiquement pas de chance de trouver satisfaction chez l'opérateur Y car l'essentiel des informations recherchées sont chez l'opérateur X.

Ce scénario possible est assez complexe à comprendre par la clientèle. Il a cependant un avantage certain, c'est de favoriser une concurrence certaine entre opérateurs.

2.3.5.4 Scénario 4 : Annuaire offert par un prestataire autre que les opérateurs GSM

C'est un scénario idéal qui permettra de réduire l'aspect conflictuel pouvant naître entre les opérateurs GSM. Le prestataire devra dans un premier temps obtenir le quitus de tous les opérateurs ainsi que celle de l'Autorité de Régulation des Télécommunications. Il devra mettre en place une plateforme capable d'être en interface avec les équipements des opérateurs. Ceci nécessite de toute façon un investissement lourd en équipements appropriés.

- *Approche collaborative*

Ainsi l'abonné de n'importe quel réseau enverra ses requêtes vers un numéro fixe, standard, commun à tous. Il reviendra à son opérateur de rediriger la requête ou le message vers le prestataire de service désigné qui devra abriter les bases de données des abonnés de tous les réseaux. Ce dernier se chargera de traiter la requête et de pouvoir renvoyer en cas de réponse un message vers l'abonné via son opérateur.

Cette approche collaborative entre opérateur qui facilitera de pareilles transactions n'est pas sans inquiétude. Une des inquiétudes à redouter se trouve dans la rentabilité d'une telle activité. Vue l'importance de l'investissement à faire par le prestataire et prenant en compte le coût normal du SMS, l'on est en droit de se demander comment le prestataire pourrait rentabiliser un pareil investissement tout en satisfaisant chacun des opérateurs sans trop peser sur la clientèle ?

L'approche est bonne mais demande de sacrifice de part et d'autre pour qu'elle soit rentable.

- *Approche conflictuelle*

En cas de conflit, le service n'est plus possible d'autant plus que le prestataire n'est pas indépendant des opérateurs de la place. Ainsi un opérateur donné peut interdire toutes les transactions entre ses abonnés et le prestataire de service. Dans ce registre, le prestataire ne détenant aucun levier de commande se trouverait dans une situation inconfortable qui compromettra son existence.

Une approche conflictuelle sera à proscrire dans le contexte de faire faire le service par un prestataire autre que les opérateurs, car elle sera trop dommageable à la clientèle.

2.3.6 Recommandations

En somme, dans l'un ou l'autre des scénarii inventoriés précédemment, les idées qui doivent nous gouverner sont les suivantes :

- rendre le plus accessible possible l'opération de souscription à l'annuaire de la téléphonie mobile GSM ;
- rendre ce nouveau service, le plus attractif possible à travers son coût ;

- l'autorité de régulation doit se mettre au dessus de la mêlée pour coordonner l'opération et trouver des moyens coercitifs pour obliger les opérateurs à s'y impliquer ;
- trouver un moyen de rentabilisation de ces informations recueillies en proposant leur vente aux éditeurs d'annuaires ou aux services de renseignement en respectant et en protégeant les droits des abonnés.

CONCLUSION

Le besoin de l'existence d'un annuaire en téléphonie mobile n'est plus à démontrer. Le cahier de charges du service à mettre en place nous présente les deux formes d'interaction de l'usager avec la base de l'annuaire : interaction au moyen du SMS et interaction au moyen d'une page web. Ce service un peu nouveau ne pourra se faire sans peine dans l'environnement qu'est le nôtre de nos jours. C'est dire que les conditions de mise en œuvre sont déterminantes dans la réussite du déploiement du service. Le plan d'affaire à travers ses différents scénarii nous expose les difficultés qu'il faudra lever lors de cette phase de mise en œuvre. Pour préparer la réalisation technique du service, nous allons dans le chapitre suivant, recenser les outils et logiciels libres disponibles pouvant concourir à sa réussite.

CHAPITRE 3

RECENSEMENT DES LOGICIELS LIBRES ET OUTILS NECESSAIRES A LA MISE EN ŒUVRE DE LA SOLUTION PROPOSEE

INTRODUCTION

Dans le but de mettre en place la solution proposée, nous allons répertorier l'ensemble des outils logiciels utilisables. Ces outils libres ou non seront brièvement présentés avec les avantages qu'ils présentent.

Le présent chapitre abordera dans une première partie les outils mettant en œuvre les SMS, puis dans une seconde partie, il se consacrera aux outils mettant en œuvre les protocoles SS7 et http. Enfin dans une troisième partie, le chapitre s'appesantira sur les outils mettant en œuvre les systèmes de gestion des bases de données.

3.1 OUTILS LIBRES METTANT EN ŒUVRE LES SMS

De nombreux outils existent pour la mise en œuvre des SMS en fonction de l'environnement de travail. Au nombre de ceux-ci nous retenons ce qui suit :

3.1.1 Microsoft SMS Sender[21]

Microsoft SMS Sender est un logiciel libre sous Windows qui peut être utilisé pour envoyer des messages SMS à partir d'un ordinateur via un téléphone GSM. Des versions existent dans plus de 20 langues de part le monde. Son principal défaut est qu'il ne peut pas recevoir des messages SMS à partir d'un téléphone cellulaire. De même, il ne supporte pas les formats au-delà de celui des messages textes classiques des SMS. Par exemple, les messages concaténés, les messages SMS flash, les messages MMS, les sons et les logos ne sont pas supportés.

3.1.2 Open SMPP[22] API

Open SMPP API est une open source et API libre de java. Il peut être utilisé pour communiquer avec un SMS Center (SMSC) ou une passerelle SMS utilisant le

---

[21] http://www.microsoft.com/globaldev/outreach/dnloads/smsSender.mspx : Au sujet de SmsSender
[22] SMPP : Short Message Peer to Peer

protocole SMPP (Short Message Peer to Peer). Les développeurs de logiciels SMS peuvent utiliser cette bibliothèque pour se connecter à un SMS Center ou un SMS Gateway et envoyer et recevoir des messages SMS. L'API OpenSMPP est formellement connu sous le nom de Logica SMPP depuis qu'il a été originalement développé par Logica (un vendeur de SMS Center). Plus tard, Logica n'a plus assuré la maintenance de l'API. Maintenant c'est le SMS Forum[23] qui assure le développement et la maintenance de l'API.

3.1.3 SMPPSim

SMPPSim est un simulateur libre de SMS Center. On peut l'utiliser pour tester son application SMPP sans un réel SMS Center ou SMS Gateway. SMPPSim une interface web graphique. SMPPSim est écrit en Java et peut s'exécuter sur des plates-formes Linux comme Windows.

3.1.4 SMSLib (jSMSEngine)

SMSLib est une open source et une bibliothèque libre pour Java et MicroSoft.NET. SMSLib est encore appelé jSMSEngine. Avec SMSLib, on peut écrire en Java ou Java.NET des programmes pour envoyer et recevoir des messages SMS à partir d'un ordinateur via un téléphone mobile GSM ou un modem GSM sans nécessairement connaître les commandes AT.

Un logiciel SMS développé en Java peut s'exécuter sous plusieurs systèmes d'exploitation comme Windows, Linux, Solaris et Mac OS. SMSLib supporte les messages SMS concaténés et les messages SMS flash mais il ne supporte pas les sonneries et les logos.

SMSLib supporte également les téléphones mobiles qui peuvent fonctionner en mode AT. Pour SMSLib avec Java, il est recommandé d'utiliser J2SE SDK 5.0 depuis l'auteur de SMSLib l'a écrit et testé avec J2SE SDK 5.0.

Le package SMSLib contient une application SMS appelé SMSServer. Il utilise SMSLib comme sa bibliothèque d'arrière base. On peut utiliser SMSServer pour envoyer et recevoir des messages SMS sans développer son propre programme.

---

[23] www.smsforum.net : site web de SMS Forum

3.2 OUTILS LIBRES METTANT EN ŒUVRE LES PROTOCOLES SS7 ET HTTP

3.2.1 - Outils SS7

3.2.1.1 Open SS7 project

C'est un projet de développement open source qui doit fournir une pile SS7 robuste et conforme à la norme GPL, SIGTRAN, ISDN et la Pile VoIp pour Linux et autres systèmes d'exploitation Unix.

Le projet OpenSS7 a démarré dans les années 1996 et a atteint aujourd'hui un haut niveau d'intérêt considérable avec l'avènement de la voix sur IP et des plates-formes SoftSwitches. C'est une plate-forme sur laquelle on peut par exemple construire des applications SoftSwitches et TCAP (INAP, MAP).

OpenSS7 fournit une solution complète pour implémenter ISUP ou TCAP de la pile SS7. On peut avoir OpenSS7 et ouvrir un flux MTP, SCCP, ISUP ou TCAP afin de communiquer avec le monde extérieur en utilisant SS7.

3.2.1.2 Autres outils SS7

C'est beaucoup plus dans le monde commercial qu'on dénote des outils implémentant la pile SS7. On peut citer par exemple :
- iWARE SS7[24] Module de Interphase ;
- hp opencall SS7 Linux developer platform[25] qui offre tout un ensemble d'outils et de serveurs pré-configurés sous linux à l'usage des sociétés de télécommunication ;
- SS7 Software de NMS Communications.[26]

3.2.2 Outils libres mettant en œuvre les serveurs web

Le terme **serveur web** désigne :
- un ordinateur tenant le rôle de serveur informatique sur lequel fonctionne un logiciel serveur HTTP ;
- le logiciel serveur HTTP lui-même.
- Un ensemble de serveurs permettant le fonctionnement d'applications web.

---

[24] http://www.powerbridge.de/download/data/software/iWARE_SS7_DS_0502.pdf
[25] http://h20208.www2.hp.com/opencall/library/products/signal/ss7/usletter/5980-9486en.pdf
[26] http://www.nmscommunications.com/NR/rdonlyes/2F5E4102-7FFB-457E-8A29-B0D836745CAE/0/SS7_Software_1008.pdf

La plupart des ordinateurs utilisés comme serveur web sont reliés à Internet et hébergent des sites web. Les autres serveurs se trouvent sur des intranets et hébergent des documents internes d'une entreprise, d'une administration, etc. Les lignes qui suivent décrivent les serveurs les plus utilisés actuellement dans le monde.

3.2.2.1 Serveur APACHE

Le serveur APACHE http est un projet d'Apache Software Foundation. Ce projet est un effort pour développer et maintenir une source libre de serveur http pour les systèmes d'exploitation modernes y compris Unix et Windows. L'objectif du projet est de livrer un serveur sécurisé, efficient et extensible qui fournira des services http en accord avec les standards http. Depuis 1996, Apache est le serveur web d'Internet le plus populaire. Il jouit d'une notoriété incontestable dans le monde d'Internet. D'après la société Netcraft, qui étudie chaque mois les « parts de marché » des différents types de serveurs Web, Apache domine largement ses concurrents avec une utilisation sur plus de 60% des serveurs http publics dans le monde. Ce succès est non seulement dû à sa gratuité, mais également à sa robustesse et à son extensibilité. Apache est également une plate-forme de choix pour un intranet et est très répandu dans les universités et les écoles.[27] En Juin 2008, est sortie la version 2.2.9 d'Apache.

Le plus souvent, un serveur web est composé de plusieurs logiciels qui fonctionnent en parallèle. On retrouve la combinaison Apache (serveur HTTP), MySQL (serveur de base de données) et PHP, tous gratuits et libres. Sous Linux, cette combinaison s'appelle LAMP (sigle de « Linux, Apache, Mysql, PHP »); sous Windows, WAMP (« Windows, Apache, Mysql, PHP »); et sous Mac, MAMP (« Macintosh, Apache, MySQL, PHP »).

3.2.2.2 IIS de Microsoft

Internet Information Services, communément appelé IIS, est le logiciel serveur web de la plate-forme Windows NT. IIS offre un support pour plusieurs technologies web telles que l'ASP et le CGI. Les versions plus récentes du logiciel sont également compatibles avec le nouveau format de Microsoft, soit le .NET. Avec les extensions appropriées, il peut aussi héberger des applications écrites en PHP.

---

[27] http://www.apachefrance.com/

Principal compétiteur d'Apache, IIS est une solution distribuée sous la licence CLUF. Il n'est donc pas une open source, mais présente l'avantage d'être simple d'utilisation sur une plate-forme Windows.

3.2.2.3   Sun Java System Web Server

C'est un serveur web qui livre du contenu dynamique. Il est conçu pour les moyennes et grosses applications d'entreprise. Sun Java System Web Server a été développé à partir des précédents produits Sun ONE Server, IPlanet Web Server et Netscape Entreprise Server. Disponible sur la majorité des systèmes d'exploitation, Java System Web Server supporte les technologies JSP et Java Servlet, ASP, PHP, CGI et ColdFusion. C'est un serveur qui présente les caractéristiques suivantes : évolutivité et performance, administration des serveurs, prise en charge des clusters, publication et gestion de fichiers WebDav, prise en charge des serveurs virtuels, chiffrement et sécurité des données, moteur de recherche intégré, etc.

3.2.2.4   Le serveur Web Zeus

Il a été développé par Zeus Technology, une compagnie de logiciels à Cambridge (Grande-Bretagne). Destiné aux environnements Windows, Linux, Unix et Mac OS X, Zeus Web Server ne dément pas sa réputation de serveur multiplate-forme sécurisé. Il assure par exemple le réglage des ressources système (temps processeur, bande passante) allouées à une session sécurisée de type SSL. Microsoft autorise ces réglages par groupe d'applications, tandis que Sun et Apache les appliquent par site. Parallèlement, il intègre comme Apache 2.0 une base de droits qui évite la mise en place d'un plan de nommage au moyen d'un annuaire LDAP externe. Enfin, il assure également la détection d'une signature d'attaque par déni de service (scriptSnort), tout comme le filtrage des en-têtes HTTP également pris en charge par ses concurrents. Doté d'un répartiteur de charge, il présente par ailleurs l'interface d'exploitation la plus ergonomique du marché. Simple et complète, Web Controller permet de procéder à des réplications ou à des modifications par lot de sites, au moyen d'une sélection manuelle.[28] Ses points forts sont le contrôle des ressources allouées (CGI, Isapi, SSL...) et la performance (rapidité). Ses points faibles se résument à la gestion de WebDAV par une partie tierce et l'inexistence de sauvegarde de données de configuration.

---

[28] http://www.01net.com/article/212230.html

3.2.2.5 Lighttpd

Lighttpd (ou « lighty ») est un serveur HTTP sécurisé, rapide et flexible. C'est un logiciel libre distribué selon les termes de la licence BSD. Sa rapidité vient du fait qu'il a une plus petite empreinte mémoire que d'autres serveurs HTTP ainsi qu'une gestion intelligente de la charge CPU. Beaucoup de langages, comme PHP, Perl, Ruby, Python sont supportés via FastCGI[29]. Lighttpd est un serveur web très léger et très simple à configurer.

Le principal désavantage de lighttpd face à son concurrent Apache est de ne pas supporter les fichiers .htaccess : les directives ne sont évaluées qu'une seule fois, au démarrage du serveur, et nécessitent de le redémarrer afin d'être prises en compte. En juillet 2008,[30] il confirme sa popularité grandissante, Netcraft le classant quatrième serveur web le plus utilisé avec 2,9 millions de sites hébergés, reléguant nginx à la cinquième place.

L'utilisation des interfaces FastCGI, SCGI et CGI pour des programmes externes permet d'écrire des applications web dans n'importe quel langage habituellement utilisé sur les serveurs. PHP étant populaire, ses performances ont été particulièrement optimisées.

3.2.2.6 Nginx

Nginx [engine x] est un serveur HTTP(S) écrit par Igor Sysoev, dont le développement a débuté en 2002 pour les besoins d'un site russe à très fort trafic. Une partie de la documentation a été traduite du russe vers l'anglais. Ses sources sont disponibles sous une licence de type BSD.

Outre le fait d'être un serveur HTTP, Nginx peut être configuré pour être un proxy inverse web et un serveur proxy de messagerie électronique (IMAP/POP3). L'utilisation la plus fréquente de Nginx est de le configurer comme un serveur web classique pour servir des fichiers statiques et comme un proxy pour les requêtes dynamiques typiquement acheminées en utilisant une interface FastCGI vers un ou des serveurs applicatifs avec un mécanisme de répartition de charge.

Nginx était peu connu, excepté en Russie, avant qu'Aleksandar Lazic ne commence la traduction anglaise en 2006. A partir de cet instant, le nombre de domaines gérés par Nginx est en constante augmentation (environ deux millions de domaines en juin

---

[29] FastCGI : technologie permettant la communication entre un serveur HTTP et un logiciel indépendant.
[30] Enquêtes et sondages Netcraft Juillet 2008

2008 selon Netcraft) et place Nginx au rang de cinquième serveur HTTP, identifié, le plus utilisé au monde (derrière lighttpd).

3.2.2.7 Comparaison des serveurs web les plus utilisés

Dans le tableau suivant, chacun de ces trois serveurs web que sont Apache, IIS et Zeus est passé au crible de quatre critères : coût, ergonomie, performances et efficacité du support.[31]

<u>Tableau N° 4</u> : Comparaison entre Apache, IIS et Zeus

Nom du produit	Apache	Microsoft IIS	Zeus
Points forts	- Gratuité - Peu gourmand en ressources matérielles - Excellente stabilité et fiabilité	- Grande simplicité d'installation et d'utilisation - fonction de redémarrage automatique en cas de plantage	- Peu gourmand en ressources matérielles - Excellente stabilité - Capacité à tenir de très gros pics de fréquentation - Interface native avec certaines bases de données
Points faibles	- Installation et administration plus laborieuses (pas d'interface graphique) - Pas de support technique	- Coût du support technique - Très gourmand en ressources matérielles	- Coût de la licence - Coût du support technique
Compatibilité	Linux, Windows 98 à XP, de nombreux Unix, MacOS X	Windows serveur	Linux, de nombreux Unix, MacOS X
Utilisation	Applications lourdes Entreprises disposant de compétences informatique forte	Moyennes applications Entreprises disposant de compétences informatique moyennes	Entreprises aux exigences très fortes - aussi bien en nombre de connexions simultannées qu'en terme de disponibilité.

<u>Source</u> : http://www.journaldunet.com/solutions/0212/021218_web.shtml

En entreprise, un serveur web doit assurer une certaine qualité de service tout en coûtant le moins cher possible. Pour ce qui est de la QoS, Apache devance nettement IIS : sur les 50 sites les plus disponibles mesurés par NetCraft, 48 tournent sous Apache. L'utilisation de Microsoft IIS se justifie en effet toujours dans certains contextes, de même que celle de Zeus ou d'Apache.

Le Serveur Web de Microsoft est très facile à installer et relativement facile à administrer. Il dispose d'une fonction de redémarrage automatique en cas de plantage et il est inclus par défaut dans l'OS serveur de Microsoft. Mais si l'on souhaite confier à IIS un gros site web ou un gros Intranet, la facture hardware monte beaucoup plus vite que celle d'Apache ou Zeus, de même que la facture

---

[31] http://www.journaldunet.com/solutions/0212/021218_web.shtml : comparaison **serveurs** Web

logicielle : la base de données Microsoft SQL devient rapidement indispensable, et l'on sait son tarif conséquent. On réservera donc IIS aux entreprises qui disposent de compétences informatiques moyennes, et dont les exigences en performance vont de modérées à moyennes.

Apache, le serveur web le plus populaire est fort complexe à paramétrer et à administrer : tout se passe sur un écran noir, en mode ligne de commande. Aucun support technique téléphonique n'est fourni puisque Apache n'a pas de distributeur officiel. Il faut donc assurer soi même son support en surfant sur les sites d'information consacrés à Apache, ou encore souscrire à un contrat de support auprès d'une société spécialisée. Cependant, Apache est gratuit, il consomme des ressources matérielles très modestes, et il est irréprochable en ce qui concerne la fiabilité.

Apache est donc un très bon choix pour les entreprises qui disposent de compétences informatiques fortes et plus spécifiquement sous Unix et Linux.

Zeus simplifie la tâche de l'administrateur. L'installation démarre en mode ligne de commande, mais elle est rapidement facilitée par des boites de dialogue judicieusement conçues. L'administration se fait à distance à travers un navigateur web : c'est un modèle d'ergonomie. Quant aux performances de Zeus, elles sont équivalentes à celles d'Apache, avec un avantage de taille : Zeus est capable de tenir le choc de plusieurs milliers de requêtes par seconde. Une assurance contre le plantage en cas de pic de fréquentation. Zeus est compatible en natif avec une foule d'APIs qui lui permettent de s'interfacer sans effort avec un grand nombre de bases de données. Le seul défaut de Zeus : son prix (1700 € au moins pour la licence sans compter le support). Zeus sera le meilleur choix pour les entreprises aux exigences très fortes aussi bien en nombre de connexions simultanées qu'en terme de disponibilité.

Tableau N° 5 : Coût des Serveurs web[32]

Informations pratiques			
Nom du produit	Apache	Microsoft IIS	Zeus
Prix	0 €	Inclus dans Windows 2000 serveur, lequel vaut 1300 €	1900 €
Compatibilité	Linux, Windows 98 à XP, de nombreux Unix, MacOS X	Windows 2000 serveur	Linux, de nombreux Unix, MacOS X

---

[32] http://www.journaldunet.com/developpeur/outils/actualite/49-41-des-sites-web-heberges-sur-des-serveurs-apache.shtml

Tableau N° 6 : Part de marché des serveurs Web[33]

Les serveurs Web les plus utilisés		
Serveur Web	Mars 2008	Avril 2008
Apache	49,38%	49,41%
Microsoft	35,20%	34,37%
Google	8,33%	9,37%
Sun	0,26%	0,27%
Lighttpd	0,12%	0,11%

Source : Netcraft

3.3 Outils mettant en œuvre les Systèmes de Gestion de Base de Données

La mise en place du PBR (PhoneBook Repository) nécessite le choix d'un système de gestion de base de données devant abriter les informations de l'annuaire. Le choix de ce SGBD doit être guidé par des critères qui garantissent la sécurité, la cohérence, l'accès et la confidentialité des données.

La fonction première d'un Système de Gestion de Base de Données (SGBD) est d'être un outil de stockage d'informations offrant des fonctions simples de manipulation de grands volumes de données. Les fonctionnalités essentielles d'un SGBD sont les suivantes :

- le système doit assurer la persistance des données ;
- le système doit assurer la fiabilité des données ;
- le système doit offrir la possibilité à plusieurs utilisateurs de manipuler les données concurremment ;
- le système doit offrir la possibilité à l'utilisateur d'interroger la base de façon simple ;
- le système doit assurer la confidentialité des données ;
- le système doit pouvoir efficacement gérer les demandes.

Après avoir recensé les principes généraux des bases de données, passons maintenant en revue les SGBD libres existants, afin de voir s'ils répondent tous à l'ensemble de ces critères.

La plupart des bases de données les plus indiquées sont les bases de données relationnelles. Le tableau suivant donne des informations générales sur les gestionnaires de base de données du marché.

---

[33] http://www.journaldunet.com/developpeur/outils/actualite/49-41-des-sites-web-heberges-sur-des-serveurs-apache.shtml

Tableau N° 7 : Informations sur des SGBD du marché

SGBD	Maintainer	First public release date	Latest stable version	Software license
4th Dimension	4D s.a.s	1984	v11 SQL	Proprietary
ADABAS	Software AG	1970	?	?
Adaptive Server Enterprise	Sybase	1987	15.0	Proprietary
Advantage Database Server	Sybase	1992	8.1	Proprietary
Altibase	Altibase Corp.	July 2000	5.1.1	Proprietary
Apache Derby	Apache	2004	10.4.1.3	Apache License
Datacom	CA	?	11.2	Proprietary
DB2	IBM	1982	9.5	Proprietary
DBISAM	Elevate Software	?	4.25	Proprietary
Datawasp	Significant Data Systems	April 2008	1.0.1	Proprietary
ElevateDB	Elevate Software	?	1.01	Proprietary
FileMaker	FileMaker	1984	9	proprietary
Firebird	Firebird project	July 25, 2000	2.1.0	IPL and IDPL
Informix	IBM	1985	11.10	Proprietary
HSQLDB	HSQL Development Group	2001	1.8.0	BSD
H2	H2 Software	2005	1.0	EPL and MPL
Ingres	Ingres Corp.	1974	Ingres 2006 r2 9.1.0	GPL and proprietary
InterBase	CodeGear	1985	2007	Proprietary
MaxDB	SAP AG	?	7.6	GPL or proprietary
Microsoft Access	Microsoft	1992	12 (2007)	Proprietary
Microsoft Visual Foxpro	Microsoft	?	9 (2005)	Proprietary
Microsoft SQL Server	Microsoft	1989	2008 (v10.0)	Proprietary
MonetDB	The MonetDB Developer Team	2004	4.16 (Feb. 2007)	MonetDB Public License v1.1
MySQL	Sun Microsystems	November 1996	5.0.67	GPL or proprietary
HP NonStop SQL	Hewlett-Packard	1987	SQL MX 2.0	Proprietary
Omnis Studio	TigerLogic Inc	July 1982	4.3.1 Release 1 (May 2008)	Proprietary
Oracle	Oracle Corporation	November 1979	11g Release 1 (September 2007)	Proprietary
Oracle Rdb	Oracle Corporation	1984	7.2	Proprietary
OpenEdge	Progress Software Corporation	1984	10.1C	Proprietary
OpenLink Virtuoso	OpenLink Software	1998	5.0.5 (January 2008)	GPL or proprietary
Pervasive PSQL	Pervasive Software	?	9	Proprietary
Polyhedra DBMS	ENEA AB	1993	8.0 (July 2008)	Proprietary
PostgreSQL	PostgreSQL Global Development Group	June 1989	8.3.3 (12 June 2008)	BSD
Pyrrho DBMS	University of Paisley	November 2005	0.5	Proprietary
RBase	RBase	?	7.6	Proprietary
RDM Embedded	Birdstep Technology	1984	8.1	Proprietary
RDM Server	Birdstep Technology	1990	8.0	Proprietary
ScimoreDB	Scimore	2005	2.5	Freeware
SmallSQL	SmallSQL	April 16, 2005	0.19	LGPL
SQL Anywhere	Sybase	1992	10.0	Proprietary
SQLite	D. Richard Hipp	August 17, 2000	3.5.7 (17 March 2008)	Public domain
Superbase	Superbase	1984	Scientific (2004)	Proprietary
Teradata	Teradata	1984	V12	Proprietary
Valentina	Paradigma Software	February 1998	3.0.1	Proprietary

Source: Comparison of database management systems - Wikipedia, the free encyclopedia.htm

Le tableau qui suit nous montre les systèmes d'exploitation supportés par ces différents SGBD.

Tableau N° 8 : Systèmes d'exploitation supportés

SGBD	Windows	Mac OS X	Linux	BSD	UNIX	AmigaOS	z/OS
4th Dimension	Yes	Yes	No	No	No	No	No
ADABAS	Yes	No	Yes	No	Yes	No	Yes
Adaptive Server Enterprise	Yes	No	Yes	Yes	Yes	No	No
Advantage Database Server	Yes	No	Yes	No	No	No	No
Altibase	Yes	No	Yes	No	Yes	No	No
Apache Derby	Yes	Yes	Yes	Yes	Yes	No	Yes
DataCom	No	No	No	No	No	No	Yes
Datawasp	Yes	No	No	No	No	No	
DB2	Yes	No	Yes	No	Yes	No	Yes
FileMaker	Yes	Yes	No	No	No	No	No
Firebird	Yes	Yes	Yes	Yes	Yes	No	Maybe
H2	Yes	Yes	Yes	Yes	Yes	No	Maybe
HSQLDB	Yes	Yes	Yes	Yes	Yes	No	Yes
Informix	Yes	Yes	Yes	Yes	Yes	No	No
Ingres	Yes	Yes	Yes	Yes	Yes	No	Partial
InterBase	Yes	Yes	Yes	No	Yes (Solaris)	No	No
MaxDB	Yes	No	Yes	No	Yes	No	Maybe
Microsoft Access	Yes	No	No	No	No	No	No
Microsoft SQL Server	Yes	No	No	No	No	No	No
Microsoft Visual Foxpro	Yes	No	No	No	No	No	
MonetDB	Yes	Yes	Yes	No	Yes	No	No
MySQL	Yes	Yes	Yes	Yes	Yes	Yes	Maybe
Omnis Studio	Yes	Yes	Yes	No	No	No	No
OpenEdge	Yes	No	Yes	No	Yes	No	No
OpenLink Virtuoso	Yes	Yes	Yes	Yes	Yes	No	Yes
Oracle	Yes	Yes	Yes	No	Yes	No	Yes
Oracle Rdb	No	No	No	No	No	No	
Polyhedra DBMS	Yes	No	Yes	No	Yes	No	No
PostgreSQL	Yes	Yes	Yes	Yes	Yes	Yes	No
Pyrrho DBMS	Yes (.NET)	No	Yes (Mono)	No	No	No	No
RBase	Yes	No	No	No	No	No	No
RDM Embedded	Yes	Yes	Yes	Yes	Yes	No	No
RDM Server	Yes	Yes	Yes	Yes	Yes	No	No
ScimoreDB	Yes	No	No	No	No	No	No
SmallSQL	Yes	Yes	Yes	Yes	Yes	No	Yes
SQL Anywhere	Yes	Yes	Yes	No	Yes	No	No
SQLite	Yes	Yes	Yes	Yes	Yes	Yes	Maybe
Superbase	Yes	No	No	No	No	Yes	No
Teradata	Yes	No	Yes	No	Yes	No	No
Valentina	Yes	Yes	Yes	No	No	No	No

Source: Comparison of database management systems - Wikipedia, the free encyclopedia.htm

Le tableau suivant présente les limites de ces SGBD.

Tableau N° 9 : Limites des SGBD

	Max DB size	Max table size	Max row size	Max columns per row	Max Blob/Clob size	Max CHAR size	Max NUMBER size
4th Dimension	Unlimited	?	?	65135	2 GB (2 GiB Unicode)	2 GB (2 GiB Unicode)	64 bits
Advantage Database Server	Unlimited	16 EB (16 EiB)	65530 B	65135	4 GB (4 GiB)	?	64 bits
Datawasp	Unlimited	2 GB	32,678	256	2 GB	text1024/RTF-Unlimited	64 bits
DB2	512 TB (512 TiB)	512 TB	32,677 B	1012	2 GB	32 KB (32 KiB)	64 bits
Firebird	Unlimited	~32 TB	65,536 B	Depends on data types used.	2 GB	32,767 B	64 bits
Ingres	Unlimited	Unlimited	256 KB	1024	2 GB	32,000 B	64 bits
Microsoft Access	2 GB	2 GB	16 MB	255	64 KB (memo field), 1 GB ("OLE Object" field)	255 B (text field)	32 bits
Microsoft Visual Foxpro	2 GB	2 GB	16 MB	255	2 GB	16 MB	32 bits
Microsoft SQL Server (does not include 2008)	524,258 TB (32,767 files * 16 TB max file size)	524,258 TB	8060 B	1024	2 GB	8000 B	64 bits
MySQL 5	Unlimited	2 GB (Win32 FAT32) to 16 TB (Solaris)	64 KB	3398	4 GB (longtext, longblob)	64 KB (text)	64 bits
Oracle	Unlimited (4 GB * block size per tablespace)	4 GB * block size (with BIGFILE tablespace)	Unlimited	1000	4 GB (or max datafile size for platform)	4000 B	126 bits
OpenEdge	Around 32 Exabytes	1 Petabyte	32Kb	1000	1 GB	2000 B	64 bits
Polyhedra DBMS	Limited only by available RAM, address space	2^{32} rows	Unlimited	65536	4 GB (subject to RAM)	4 GB (subject to RAM)	32 bits
PostgreSQL	Unlimited	32 TB	1.6 TB	250-1600 depending on type	1 GB (text, bytea) - stored inline	1 GB	Unlimited
ScimoreDB	Unlimited	16 EB	8050 B	255	16 TB	8000 B	64 bits
Teradata	Unlimited	Unlimited	64 KB wo/lobs(64 GB w/lobs)	2048	2 GB	10,000	64 bits

Source: Comparison of database management systems - Wikipedia, the free encyclopedia.htm

En résumé, plusieurs autres critères peuvent être utilisés pour la comparaison de ces bases de données notamment les possibilités de créer des tables et des vues, la gestion des index de toutes formes (Hash, reverse, bitmap, etc.), les capacités de jointure, d'intersection, de réunion, de fusion des tables, etc.

Il se détache incontestablement du lot des SGBD comme MySQL, PostGres, Apache Derby, SQL Server et Oracle pour ne citer que ceux-là.

3.4 LANGAGES DE PROGRAMMATION

Les langages de programmation disponibles sont nombreux et variés. L'usage de l'un ou de l'autre est déterminé beaucoup plus souvent par la propension du développeur à adopter un langage ou l'autre. L'essentiel est que l'outil de développement puisse tourner dans l'environnement du système d'exploitation désiré et offrir la facilité et les API nécessaires pour la réalisation de la tâche. On peut ainsi donc retenir C, C++, Java, J2EE, Perl, Visual Basic, le Pascal, etc. La plupart de ces langages offrent la possibilité de gérer les SMS.

3.5 PROGRAMMATION DE CARTE SIM

Récemment, Sun a publié la définition d'une version de Java, appelée Java Card, destinée à la programmation de cartes à puces. Java Card a été conçu en enlevant un certain nombre de constructions de Java jugées inutiles ou trop complexes et en ajoutant des facilités spécifiques pour gérer des transactions avec une carte. Java Card est né du besoin du marché vers des systèmes programmables. Les premières cartes mises en service datent de 1998.

Il procure un environnement sécurisé pour les applications tournant sur des cartes et autres périphériques de capacité mémoire très limitée. Plusieurs applications peuvent être mises sur la même carte tout comme on peut en ajouter sur une carte déjà en possession de l'utilisateur final.

Sur la carte, il y a un interpréteur de bytecodes java, d'où la nécessité de pré-compiler les applications. L'architecture[34] des cartes est généralement la suivante :

- CPU : 8,16 et 32 bits ;
- Mémoires : RAM de 512 Ko; EEPROM/Flash de 128/256 Ko;ROM de 256/512 Ko;
- Cellule cryptographique et générateur de nombre (aléatoire) ;
- Détecteur de sécurité.

3.6 OUTILS DE PROGRAMMATION WEB

Ils servent à écrire des programmes qui s'exécutent dynamiquement sur le serveur web, et permettent l'extension des fonctions de ce dernier : accès à des bases de données, transactions d'e-commerce, etc. Ces technologies sont intégrables au sein d'une page web en HTML à l'aide de balises spéciales permettant

---

[34] http://deptinfo.cnam.fr/~paradinas/cours/ValC-IntroJavaCard.pdf : manuel de cours sur Systèmes enfouis et embarqués De Pierre Paradinas CNAM/Cedric

au serveur web de savoir que le code compris à l'intérieur de ces balises doit être interprété afin de renvoyer des données (généralement du code HTML) au navigateur du client. Elles s'inscrivent donc dans une architecture 3-tiers c'est-à-dire qu'un serveur les supportant, peut servir d'intermédiaire entre le navigateur du client et une base de données en permettant un accès transparent à celle-ci. Plusieurs technologies sont utilisées, parmi celles-ci on peut citer sans tenir compte des systèmes d'exploitation en jeu : PHP, ASP, Servlet, Java script, Ajax, Apache, CGI, CSS, DHTML, HTML, JSP, VBScript, WAP, etc. Nous présenterons ici quelques unes parmi elles.

3.6.1 PHP

Le langage PHP a été mis au point au début d'automne 1994 par Rasmus Lerdorf. PHP est un langage interprété (un langage de script) exécuté du côté serveur (comme les scripts CGI, ASP, ...) et non du côté client (un script écrit en JavaScript ou une applet Java s'exécute sur votre ordinateur). La syntaxe du langage provient de celle du langage C, du Perl et de Java. Ses principaux atouts sont :

- une grande communauté de développeurs partageant des centaines de milliers d'exemples de script PHP ;
- la gratuité et la disponibilité du code source (PHP est distribué sous licence GNU GPL) ;
- la simplicité d'écriture de scripts ;
- la possibilité d'inclure le script PHP au sein d'une page HTML : contrairement aux scripts CGI, pour lesquels il faut écrire des lignes de code pour afficher chaque ligne en langage HTML;
- la simplicité d'interfaçage avec des bases de données : de nombreux SGBD sont supportés, mais le plus utilisé avec ce langage est MySQL, disponible sur de nombreuses plateformes comme Unix, Linux, Windows, MacOs X, Solaris, etc...) ; Il peut aussi supporter les SGBD comme Adabas D, dBase, Empress, FilePro, Informix, Interbase, mSQL, Oracle, PostgreSQL, Solid, Sybase, Velocis, Unix dbm ;
- l'intégration au sein de nombreux serveurs web (Apache, Microsoft IIS, etc.).

3.6.2 ASP

ASP (*Active Server Pages*) est un standard mis au point par Microsoft en 1996 permettant de développer des applications web interactives, c'est-à-dire dont le contenu est dynamique. Ainsi une page web ASP (fichier repérable par l'extension *.asp*) aura un contenu pouvant être différent selon certains paramètres (des informations stockées dans une base de données, les préférences de l'utilisateur, ...) tandis qu'une page web « classique » (dont l'extension est *.htm* ou *.html*) affichera continuellement la même information.

ASP est en réalité une technologie, ou plus exactement un environnement de programmation, permettant de représenter sous forme d'objets les interactions entre le navigateur du client, le serveur web, ainsi que les connexions à des bases de données (grâce à *ADO, ActiveX Data Objects*) ou bien des composants *COM* (*Component Object Model*). Les ASP sont donc exécutées du côté du serveur (au même titre que les scripts CGI, PHP, ...) et non du côté client (les scripts écrits en JavaScript ou les applets Java s'exécutent dans le navigateur de la personne connectée à un site).

Les ASP sont intégrables au sein d'une page web en HTML à l'aide de balises spéciales permettant au serveur Web de savoir que le code compris à l'intérieur de ces balises doit être interprété afin de renvoyer des données (généralement du code HTML) au navigateur du client.

3.6.3 Java Script

Le JavaScript est un langage de script incorporé dans un document HTML. Historiquement il s'agit même du premier langage de script pour le web. C'est un langage de programmation qui permet d'apporter des améliorations à HTML en permettant d'exécuter des commandes du côté client, c'est-à-dire au niveau du navigateur et non du serveur web.

Ainsi le langage JavaScript est fortement dépendant du navigateur appelant la page web dans laquelle le script est incorporé, mais en contrepartie il ne nécessite pas de compilateur, contrairement au langage Java, avec lequel il a longtemps été confondu. JavaScript a été mis au point par Netscape en 1995. A l'origine, il se nommait LiveScript et était destiné à fournir un langage de script simple au navigateur *Netscape Navigator 2*. Il a à l'époque longtemps été critiqué pour son manque de sécurité, son développement peu poussé et l'absence de messages d'erreur explicites, rendant dure son utilisation. Le 4 décembre 1995, suite à une association avec le constructeur Sun, Netscape rebaptise son langage *JavaScript* (un clin d'oeil au langage Java développé par Sun). A la même époque, Microsoft mit au point le langage *Jscript*, un langage de script très similaire. Ainsi, pour éviter des dérives de part et d'autre, un standard a été défini pour normaliser les langages de script, il s'agit de l'*ECMA 262*, créé par l'organisation du même nom (ECMA, *European Computer Manufactures Association*).

Il ne faut pas confondre le JavaScript et le Java. En effet contrairement au langage Java, le code est directement écrit dans la page HTML, c'est un langage peu évolué qui ne permet aucune confidentialité au niveau des codes (ceux-ci sont effectivement visibles).

3.6.4 Les servlets[35]

Les servlets (on dit généralement *une servlet*) sont au serveur web ce que les applets sont au navigateur pour le client. Les servlets sont donc des applications Java fonctionnant du côté serveur au même titre que les CGI et les langages de script côté serveur tels que ASP ou PHP. Les servlets permettent donc de gérer des requêtes HTTP et de fournir au client une réponse HTTP dynamique (donc de créer des pages web dynamiques).

Les servlets ont de nombreux avantages par rapport aux autres technologies côté serveur. Tout d'abord, étant donné qu'il s'agit d'une technologie Java, les servlets fournissent un moyen d'améliorer les serveurs web sur n'importe quelle plateforme, d'autant plus que les servlets sont indépendantes du serveur web (contrairement aux modules Apache ou à l'API *Netscape Server*). En effet, les servlets s'exécutent dans un moteur de servlets utilisé pour établir le lien entre les servlets et le serveur web. Ainsi le programmeur n'a pas à se soucier de détails techniques tels que la connexion au réseau, la mise en forme de la réponse http. Les servlets sont beaucoup plus performantes que les scripts, car il s'agit de pseudo-codes, chargés automatiquement lors du démarrage du serveur ou bien lors de la connexion du premier client. Les servlets sont donc actives (résidentes en mémoire) et prêtes à traiter les demandes des clients grâce à des threads, tandis qu'avec les langages de script traditionnels un nouveau processus est créé pour chaque requête HTTP. Cela permet donc une charge moins importante au niveau du processeur du serveur

---

[35] http://www.commentcamarche.net/contents/servlets/servintro.php3 : définition des servlets

(d'autant plus qu'un système de cache peut permettre de stocker les calculs déjà accomplis), ainsi que de prendre une place moins importante en mémoire.

L'un des principaux atouts des servlets est la réutilisation, permettant de créer des composants encapsulant des services similaires, afin de pouvoir les réutiliser dans des applications futures.

Enfin une servlet étant une application Java, peut utiliser toutes les API Java afin de communiquer avec des applications extérieures, se connecter à des bases de données, accéder aux entrées-sorties (fichiers par exemple), etc.

CONCLUSION

L'inventaire des divers outils libres nous a révélé la large variété de choix dont nous disposons pour aborder le problème posé. Cependant tous les outils libres cités ne sont pas toujours nécessaires et parfois pas adéquats à la réalisation du prototype à mettre en place. Parmi tous ces outils, nous allons choisir ceux qui nous paraissent d'une part abordables, et d'autre part convenables à l'environnement dans lequel nous voulons effectuer le travail. C'est un des objectifs du chapitre suivant qui se consacrera à la réalisation du prototype du service de l'annuaire GSM.

CHAPITRE 4

REALISATION DU PROTOTYPE DE L'ANNUAIRE GSM

INTRODUCTION

En accord avec le cahier de charges et la liste des outils libres recensés, cette partie du mémoire abordera de façon détaillée la réalisation d'un prototype de simulation de la solution retenue. Le travail à faire consistera à mettre en place un modèle de prototype comprenant :

- la définition des formats du contenu des messages SMS à échanger entre l'abonné et le PBRC,
- la mise en place du contrôleur de répertoire de l'Annuaire GSM (PBRC) pour la gestion des échanges de messages avec l'abonné,
- l'implémentation d'un modèle type de base de données libre à accès distant pouvant abriter de façon efficace et efficiente les données ;
- l'implémentation des différents protocoles de communication entre les différents éléments du prototype.

Le présent chapitre abordera dans une première partie les différents scénarii entre l'abonné et le prototype puis ensuite dans une seconde partie, il présentera le modèle de base de données à mettre en place. Dans une troisième partie, il sera question de l'architecture logicielle du prototype mis en place et enfin la dernière partie s'appesantira sur les limites de ce prototype.

4.1 DÉFINITION DES SCÉNARII ENTRE L'ABONNÉ ET LE PROTOTYPE

On retiendra ici trois scénarii :

- l'abonnement de l'usager et l'annulation de l'abonnement,
- la modification des informations d'abonnement,
- la recherche d'informations utiles à partir de la base de données de l'annuaire.

Les contenus des messages SMS qui serviront de base aux échanges auront un format bien défini. Globalement, deux formats seront retenus :

- *Cas des SMS dont le contenu nécessite un code secret*

Primitive	Code Secret	Paramètres

- *Cas des SMS dont le contenu ne nécessite pas de code secret*

Primitive	Paramètres

Le choix des primitives est fait de façon à ce qu'elles soient simples, claires et vite interprétables par l'abonné. Chaque primitive indiquera une opération spécifique que le Contrôleur de l'annuaire (PBRC) reconnaîtra et exécutera. L'extension du service à des besoins futurs consistera à définir d'autres primitives en dehors de celles énumérées dans le tableau ci-dessous et à les faire reconnaître par le PBRC.

Tableau N° 10 : Liste récapitulative des primitives proposées et autorisées par le PBRC

Primitives	Significations
AGA	Annuaire GSM – Abonnement
AGD	Annuaire GSM – Désabonnement
AMC	Annuaire – Modifier Code
AMI	Annuaire – Modifier Identité (Nom et Prénoms)
AMP	Annuaire Modification Profession
AMS	Annuaire Modification Secteur
ARI	Annuaire Recherche sur le Nom (Identité)
ARN	Annuaire Recherche sur Numéro de téléphone
ARP	Annuaire Recherche sur la Profession
ARS	Annuaire Recherche sur le Secteur d'activité
AG ?	Aide sur Annuaire GSM
Primitive ?	Aide contextuelle liée à la primitive choisie

4.1.1 Processus d'abonnement au service

4.1.1.1 Abonnement

C'est la première opération qu'effectue tout usager du réseau mobile voulant utiliser les services de l'Annuaire GSM. Au cours de cette opération, l'abonné fournit son code secret qui accompagnera désormais toutes autres interactions avec le système à mettre en place. Pour s'abonner, l'usager communique juste ce code secret suivi de ses noms et prénoms. Le PBRC récupère ces informations ainsi que le numéro du téléphone mobile ayant envoyé le message. Les autres informations complémentaires sont mises à jour par le processus de modification des données de l'abonnement.

Format du SMS :

AGA	Code secret	Nom et Prénoms

Remarque : Aucun espacement dans l'écriture de la primitive, ni dans celle du code secret n'est autorisé. En revanche les champs Primitive, Code secret et Nom et Prénoms sont séparés l'un de l'autre par au moins un espace.

Message du PBRC : « *Votre Abonnement est bien enregistré....* »
Ce message est envoyé sous forme de SMS sur le mobile qui a effectué l'inscription.
Si l'abonné existe déjà alors le message du PBRC est le suivant :
« *Abonnement déjà effectuée ...* »
Si le SMS envoyé est erroné et ne respecte pas la syntaxe requise, on a le message ci-après : « *Abonnement incomplet ... Taper AGA code_secret Nom_Prénoms* »
Exemple : **AGA 1969 KELOME Patrice**

4.1.1.2 Annulation de l'abonnement

Pour une raison ou pour une autre, l'abonné peut décider d'annuler son inscription à l'Annuaire GSM. A partir de cet instant, les informations le concernant ne sont plus disponibles au grand public. Elles continuent d'exister dans la base de données mais un flag positionné empêche sa prise en compte dans les requêtes. Le SMS de l'annulation de l'abonnement doit être envoyé à partir d'un mobile dont la carte SIM porte le numéro qui a effectué l'abonnement. C'est justement pourquoi, dans la syntaxe du SMS, le numéro de l'abonné n'est pas nécessaire. Cependant le code secret est obligatoire. Ceci a l'avantage d'éviter qu'une tierce personne n'annule l'inscription effectuée par un abonné.

Format du SMS :

AGD	Code secret

Remarque : Aucun espacement dans l'écriture de la primitive, ni dans celle du code secret n'est toléré. En revanche les champs Primitives et Code secret sont séparés l'un de l'autre par au moins un espace.

Message du PBRC : « *Votre abonnement est bien annulé...* »

Ce message est envoyé sous forme de message SMS sur le mobile qui a effectué l'annulation de l'abonnement.

Si l'abonné n'existe pas ou si le code fourni est erroné, le PBRC envoie le message suivant : « *Pas abonné au service de l'Annuaire ou Code secret incorrect ...* »

Exemple : **AGD 1969**

Commentaire : le problème de l'annulation d'inscription pose aussi le problème de sa réactivation ultérieure. Il suffira à l'abonné de s'abonner de nouveau comme indiqué auparavant. Le PBRC se chargera de contrôler si le numéro est connu de la base de données. Si oui, il mettra à jour la base de données en fonction des nouvelles données et activera le flag de contrôle, sinon un message d'erreur sera renvoyé.

4.1.2   Mise-à-jour des informations d'abonnement

4.1.2.1   Modification de code secret

Une fois inscrit, l'abonné peut décider pour des raisons de convenance personnelle de changer son code secret. La possibilité de le réaliser lui est offerte à travers le prototype à mettre en place.

Format du SMS :

AMC	Ancien Code secret	Nouveau Code secret

Remarque : Aucun espacement dans l'écriture de la primitive, ni dans celle des codes secrets n'est autorisé. En revanche les champs Primitive et les différents Codes secrets sont séparés l'un de l'autre par au moins un espace.

Message du PBRC : « *Modification du code réussie ...*» Ce message est envoyé en SMS sur le mobile qui a effectué la modification.

Si l'abonné n'existe pas ou si l'ancien code fourni est erroné, le PBRC envoie le message suivant : « *Pas abonné au service de l'annuaire ou Code secret incorrect ...* »

Exemple : **AMC 1969 2000**

4.1.2.2   Modification de nom et prénoms de l'abonné

L'abonné a la possibilité de rectifier l'écriture de son nom et de ses prénoms. Cette rectification s'effectue sous le contrôle préalable de la validité de son code secret.

Format du SMS :

AMI	Code secret	Nom et Prénoms

Remarque : Aucun espacement dans l'écriture de la Primitive, ni dans celle du code secret et du Nom de l'abonné n'est toléré. En revanche les champs Primitives, Code secret et Nom et Prénoms sont séparés l'un de l'autre par au moins un espace.

Message du PBRC : « *Modification de nom réussie ... »*
Ce message est envoyé sous forme de message SMS sur le mobile qui a effectué la modification.

Si l'abonné n'existe pas ou si le code fourni est erroné, le PBRC envoie le message suivant : « *Pas abonné au service de l'Annuaire ou Code secret incorrect ... »*

Exemple : **AMI 1969 KELOME Patrick**

4.1.2.3 Modification de la profession de l'abonné

L'abonné peut corriger sa profession déclarée à l'inscription. Cette rectification s'effectue sous le contrôle préalable de la validité de son code secret.

Format du SMS :

AMP	Code secret	Nouvelle Profession

Remarque : Aucun espacement dans l'écriture de la primitive, ni dans celle du code secret et de la profession n'est accepté. En revanche les champs Primitive, Code secret et Profession sont séparés l'un de l'autre par au moins un espace.

Message du PBRC : « *Modification de profession réussie .... »*
Ce message est envoyé sous forme de message SMS sur le mobile qui a effectué la modification.

Si l'abonné n'existe pas ou si le code fourni est erroné, le PBRC envoie le message suivant : « *Pas abonné au service de l'Annuaire ou Code secret incorrect ... »*

Exemple : **AMP 1969 KELOME Patrick**

4.1.2.4 Modification du secteur d'activité de l'abonné

L'abonné peut également modifier son secteur d'activité. Cette rectification s'effectue sous le contrôle préalable de la validité de son code secret.

Format du SMS :

AMS	Code secret	Nouvel Secteur

Remarque : Aucun espacement dans l'écriture de la primitive, ni dans celle du code secret et du secteur d'activité n'est accepté. En revanche les champs Primitive, Code secret et Secteur sont séparés l'un de l'autre par au moins un espace.

Message du PBRC : « *Modification de secteur réussie....* »
Ce message est envoyé en SMS sur le mobile qui a effectué la modification.

Si l'abonné n'existe pas ou si le code fourni est erroné, le PBRC envoie le message suivant : « *Pas abonné au service de l'Annuaire ou Code secret incorrect ...* »

Exemple : **AMS 1969 KELOME Patrick**

4.1.3   Recherche d'informations dans l'annuaire

4.1.3.1 *Recherche de l'abonné de numéro 99999999*

La principale richesse de la mise en place de l'annuaire GSM se traduit à travers cette forme de recherche fréquente et utile. C'est celle communément connue sous le nom d'annuaire renversé. Comment savoir l'identité du propriétaire d'un numéro de mobile, connaissant le numéro ?

La réalisation de cette opération dans notre contexte ne sera fructueuse que si le demandeur et le concerné sont tous abonnés au service de l'annuaire GSM.

En cas de recherche infructueuse, le PBRC renverra un message signifiant que le titulaire du numéro est inconnu de l'annuaire.

Format du SMS :

ARN	Numéro

Remarque : Aucun espacement dans l'écriture de la primitive, ni dans celle du numéro n'est toléré. En revanche les champs Primitive et Numéro sont séparés l'un de l'autre par au moins un espace.

Message du PBRC : « *Nom : XXXXXXXXXXXXXXXXXXXXXXX* » étant l'identité du propriétaire.

« *Pas d'abonné reconnu à ce numéro ...* » au cas où le numéro est inconnu à l'annuaire.

« *Pas abonné au service de l'annuaire ...* » si l'interrogateur n'est pas un abonné.

Ces messages sont envoyés en SMS sur le mobile qui a effectué la requête.

Exemple : **ARN   95401960**

4.1.3.2 Recherche du numéro d'un abonné connaissant son nom ou une partie de son nom

C'est le principe inverse du précédent. Il faut partir du nom ou d'une partie du nom de l'usager et rechercher son numéro. Cette opération dans notre contexte ne sera fructueuse que si le demandeur et le concerné sont tous abonnés au service de l'Annuaire GSM.

En cas de recherche infructueuse, le PBRC renverra un message signifiant que la personne recherchée est inconnue de l'annuaire.

Format du SMS :

ARI	Nom ou partie de Nom

Remarque : Aucun espacement dans l'écriture de la primitive et celle du nom n'est accepté. En revanche, les champs Primitive et Nom sont séparés l'un de l'autre par au moins un espace.

Message du PBRC : « *Numéro : 99999999 ; Numéro : 99999999 ; …. Numéro : 99999999 ; »* Ce sont les numéros identifiant la personne passée en paramètre de la commande.

« *Pas d'abonnés sous ce nom …* » en cas de recherche infructueuse.

« *Pas abonné au service de l'annuaire …* » quand l'usager n'est abonné.

Ces messages sont envoyés en SMS sur le mobile qui a effectué la requête.

Exemple : **ARI KELOME**

4.1.3.3 Recherche des numéros des abonnés d'une profession donnée

D'autant plus que la base de données dispose d'informations sur la profession de l'abonné, du moins pour ceux qui l'ont précisé, on peut formuler des requêtes SMS pour rechercher les usagers d'une profession donnée. C'est aussi un intérêt particulier de la constitution de l'annuaire GSM.

Format du SMS :

ARP	Profession

Remarque : Aucun espacement dans l'écriture de la primitive, ni dans celle de la Profession n'est autorisé. En revanche les champs Primitive et Profession sont séparés l'un de l'autre par au moins un espace.

Message du PBRC : « *Numéro : 99999999 Nom : XXXXXXXXXXXX ; Numéro 99999999 Nom : XXXXXXXXXXXXXXX ; ……»*

« *Pas d'abonnés pour cette profession ...* » en cas de recherche infructueuse.

« *Pas abonné au service de l'annuaire ...* » quand l'usager n'est pas un abonné.

Ces messages sont envoyés en SMS sur le mobile qui a effectué la requête.

Exemple : **ARP   MEDECIN**

4.1.3.4 Recherche des numéros des abonnés d'un secteur d'activité donné

Les informations sur les secteurs d'activité des abonnés sont disponibles dans la base de données, du moins pour ceux qui l'ont précisé. Il est alors possible de formuler des requêtes SMS pour rechercher les usagers d'un secteur d'activité donné. C'est comme précédemment un intérêt particulier de la constitution de l'annuaire GSM.

Format du SMS :

ARS	Secteur

Remarque : Aucun espacement dans l'écriture de la Primitive, ni dans celle du secteur d'activité n'est toléré. En revanche les champs Primitive et Secteur sont séparés l'un de l'autre par au moins un espace.

Message du PBRC : « *Numéro : 99999999 Nom : XXXXXXXXXXXX ; Numéro 99999999 Nom : XXXXXXXXXXXXXXXX ; ......* »

« *Pas d'abonnés pour ce Secteur ...* » en cas de recherche infructueuse.

« *Pas abonné au service de l'annuaire ...* » si l'interrogateur n'est pas un abonné.

Ces messages sont envoyés en SMS sur le mobile qui a effectué la requête.

Exemple : **ARS   COMMERCE**

4.1.4   Option d'aide

Pour avoir les informations générales sur les différentes possibilités de format de SMS offerts par l'Annuaire GSM, l'usager peut lancer un SMS d'aide.

Format du SMS :

Primitive	?

Remarque : il y a un espace entre la primitive et le **?**. Selon la primitive choisie, le PBRC envoie par SMS le détail de sa syntaxe d'utilisation. La primitive **AG** permet d'obtenir l'aide générale.

Exemple :

AG ?

AGA ?

Message du PBRC :

Dans le premier cas on le message suivant :

« *AGA-abonnement;AGD-annuler abonnement;AMC-Modif. Code ;AMI-Modif. Nom; AMP-Modif. Profession;AMS-Modif. Secteur ;ARI-Consult. Nom;ARN-Consult. Numero;ARP-Consult. Profession ;ARS-Consult. Secteur;AG ?- Help* »

Dans le second cas le message est le suivant :

« *Abonnement : Taper AGA Code_Secret Nom_Prénoms* »

4.2 MODÈLE DE BASE DE DONNÉES À METTRE EN PLACE

A ce niveau, la base de données (PhoneBook Repository) est séparée du contrôleur, donc on interagira avec elle par accès distant. Les informations à manipuler dans la base de données sont :

- le Numéro de l'abonné ;
- les Nom et Prénoms de l'abonné ;
- la Profession de l'abonné ;
- le Secteur d'activité de l'abonné.

Pour une raison de simplicité et de facilité d'exploitation, nous aurons une base de données contenant principalement une table, la table des abonnés : ANNUAIRE.

Pour chaque occurrence de la table ANNUAIRE, il y aura un flag positionné pour savoir si l'abonné est actif ou non. L'abonné est inactif s'il annule son abonnement.

En tenant compte du nombre potentiel d'abonnés, il faudra choisir une base de données conséquente qui offre les meilleures performances possibles.

Le caractère réparti de cette base de données peut aussi être envisagé et tiendra compte de l'organisation mise en place pour la mise en œuvre du service.

4.3 ARCHITECTURE LOGICIELLE DU PROTOTYPE

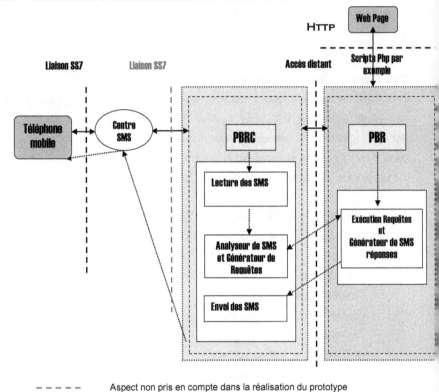

– – – – –   Aspect non pris en compte dans la réalisation du prototype

Figure **N° 8**   : Architecture logicielle de la solution proposée

4.3.1   Matériel requis

Pour la mise en place du prototype, nous convenons d'utiliser :

- un micro-ordinateur portatif   disposant d'un emplacement pour carte PCMCIA[36] et accessoirement un autre ordinateur pour bien montrer l'aspect accès distant à la base de données ;
- un modem GSM muni d'un emplacement pour carte SIM.

Le modem tri-bande utilisé est le GLOBETROTTER GT MAX 7.2 READY de la société OPTION. C'est une carte de dernière génération fabriquée par OPTION pour être compatible avec les infrastructures des opérateurs de la téléphonie mobile et

---

[36] PCMCIA : Personal Computer Memory Card International Association

pouvant supporter de hauts débits de transmission pouvant aller jusqu'à 7,2 Mbps (pour transmission de données en HSDPA[37] et UMTS) et à 247 Kbps de connectivité avec EDGE, GPRS et GSM. Il dispose d'une double antenne qu'on peut déployer en cas de faible couverture du réseau sur lequel on se connecte. Entre autres caractéristiques on peut distinguer :

- carte multimode : HSDPA / UMTS / EDGE / GPRS / GSM;
- compatible avec tous les ordinateurs équipés d'un emplacement pour carte PCMCIA, tournant sous Windows 2000/XP Home/XP Pro, Vista ou MacOs X ;
- supporte de façon transparente les technologies IPSec[38] et VPN[39].

Ce modem GSM est une solution Plug and Play unique en son genre. Il s'auto installe dans les environnements Windows et Mac Os. Un utilitaire accompagne la carte pour visualiser et échanger des messages avec d'autres stations mobiles.

Il est aussi possible de vérifier son fonctionnement en utilisant les commandes AT. Cependant, nous allons utiliser un puissant API pour mieux piloter le modem utilisé.

4.3.2   Outils logiciels requis

4.3.2.1   SMSLIB[40]

C'est une bibliothèque de Java qui permet d'envoyer et de recevoir des messages SMS via un modem GSM compatible ou un téléphone GSM. SMSLIB supporte aussi des gros opérateurs de SMS (pour la messagerie hors bande seulement) en implémentant leurs interfaces http.

Cette bibliothèque est capable de :

- supporter les téléphones GSM et les modems GSM connectés via les interfaces séries ou IP ;
- travailler avec les messages sous format PDU ou TEXTE ;
- supporter les messages encodés 7 bits, 8 bits et UCS2(Unicode) ;
- supporter les messages éclairs (flash messaging) ;
- envoyer et de recevoir de façon synchrone et asynchrone ;
- supporter des passerelles multiples ;

---

[37] HSDPA : High Speed Downlink Packet Access, protocole de téléphonie mobile de génération 3,5G de débit élevé basé sur la technologie WCDMA
[38] IPsec : Internet Protocol Security est un ensemble de protocoles (couche 3 modèle OSI) utilisant des algorithmes permettant le transport de données sécurisées sur un réseau IP
[39] VPN : Virtual Private Network
[40] http://smslib.org

- de rendre disponible d'informations basiques GSM comme le modèle de modem, le fabricant, le niveau de signal, etc.

Les applications de SMS en java tirent grand profit de la portabilité du code java et peuvent s'exécuter sur plusieurs plateformes comme Windows, Linux, Solaris et Mac OS. SMSLib ne supporte pas cependant les logos, ni les sonneries. SMSLib est distribué sous les clauses d'Apache V2 Licence. La dernière version à ce jour est la smslib-v3.4.0. Pour son bon fonctionnement, il faut préalablement installer au minimum les composants[41] ci-après :

- Sun JDK 1.5 [42] ou toutes autres versions supérieures ;
- bibliothèque Java de communication ;
- Apache ANT[43] .

4.3.2.2 Eclipse-java-ganymede

C'est une plate-forme java open source, qui supporte de nombreux outils de développement de haut niveau très complets : un IDE[44] complet Java (JDT[45]), un environnement de création de plug-in et un ensemble de briques logicielles qui garantissent une bonne interopérabilité des plugins.

La base de cet environnement de développement intégré est l'Eclipse Platform[46], composée de :

- Platform Runtime démarrant la plateforme et gérant les plug-ins ;
- SWT, la bibliothèque graphique de base de l'environnement de développement ;
- JFace, une bibliothèque graphique de plus haut niveau basée sur SWT[47] ;
- Eclipse WorkBench, la dernière couche graphique permettant de manipuler des composants, tels que des vues, des éditeurs et des perspectives.

J2EEE, IEA, JBuilder et NetBeans sont d'autres exemples d'IDE Java. Eclipse IDE est principalement écrit en java. La version utilisée est la v3.4.2 sortie le 22 Janvier 2009. Toute la puissance du langage sera utilisée surtout dans l'analyseur de message SMS afin d'interpréter le contenu des SMS envoyés par les abonnés.

---

[41] http://javatoy.org/sending-sms-in-java-with-smslib/
[42] JDK : Le Java Development Kit **est** l'environnement dans lequel le code Java est compilé pour être transformé en bytecode
[43] ANT : Le nom est un acronyme pour "Another Neat Tool" (un autre chouette outil).
[44] IDE : integrated development environment
[45] JDT : Java Development Tools
[46] http://fr.wikipedia.org/wiki/Eclipse_(logiciel)
[47] SWT : Standard Widget Toolkit est une bibliothèque graphique libre pour Java

4.3.2.3 Easy PHP[48]

C'est un logiciel qui permet d'installer de façon totalement automatisée un serveur Apache, PHP[49], MySQL. C'est une plateforme de développement web, permettant de faire fonctionner localement (sans se connecter à un serveur externe) des scripts PHP.

C'est un environnement comprenant :

- deux serveurs (un serveur web Apache et un serveur de base de données MySQL) ;
- un interpréteur de script PHP ;
- une administration de base de données SQL PhPMyAdmin.

En une seule fois, on dispose de tous les outils nécessaires au développement local des pages web dynamiques. Avec cet outil, nous allons implémenter la base de données de l'Annuaire GSM avec MySQL et écrire une interface web avec PHP pour permettre aux abonnés d'interagir avec la base de données.

4.3.2.4 Outils de mise en œuvre des protocoles d'échange entre les parties du prototype

Java RMI[50] : Il sera utilisé pour la communication entre le contrôleur de répertoire de l'annuaire et la base de données de l'annuaire. Il est proche du RPC[51]. Cette bibliothèque qui se trouve en standard dans Java J2SE, est une technologie qui permet la communication via le protocole HTTP entre des objets Java éloignés physiquement les uns des autres, autrement dit s'exécutant sur des machines virtuelles java distinctes. RMI facilite le développement des applications distribuées en masquant au développeur la communication client / serveur.

Au niveau protocole d'échange, la couche souche contient des représentants locaux de références d'objets distants. Une invocation d'une fonctionnalité sur cet objet distant est traitée par la couche RRL (ouverture de socket, passage des arguments, marshalling, ...). Les objets distants sont repérés par des références gérées par la couche skeleton.

---

[48] http://fr.wikipedia.org/wiki/EasyPHP
[49] PHP : Hypertext Preprocessor
[50] RMI : Remote Method Invocation
[51] RPC : Remote Procedure Call est un protocole d'appel de procédures à distance

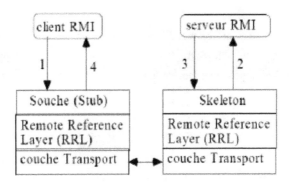

Figure N° 9 : Protocole d'échanges RMI

Les classes et packages nécessaires pour la mise en œuvre de RMI sont :
- java.rmi : pour accéder à des objets distants ;
- java.rmi.server : pour créer des objets distants ;
- java.rmi.registry : lié à la localisation et au nommage des objets distants ;
- java.rmi.dgc : ramasse-miettes pour les objets distants ;
- java.rmi.activation : support pour l'activation d'objets distants.

La mise en œuvre de Java.rmi passe par plusieurs étapes :
- écriture des interfaces Remote;
- écriture de leurs implémentations;
- écriture du programme serveur;
- écriture du programme client;
- compilation des classes avec **javac** (En Eclipse, ceci est automatique) ;
- compilation des implémentations des interfaces Remote avec **rmic** qui génère des fichiers ***_Stub.class** et ***_Skel.class ;**
- lancement du programme serveur qui doit activer quant à lui le **rmiregistry** par programme ;
- lancement du programme client.

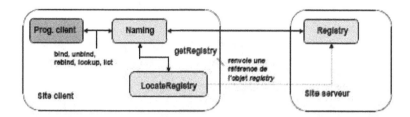

Figure N° 10 : Fonctionnement de Java RMI

4.3.2.5 Autres bibliothèques indispensables

- *ant-apache-log4j.jar :* une bibliothèque pour imprimer les informations sur les connexions à différents locaux ou aux destinations distantes. Elle permet de sélectionner et de filtrer les évènements de connexion. La version utilisée est apache-log4j-1.2.15.

- *comm.jar et javax.comm :* cette bibliothèque est utilisée pour la communication en java. Indispensable sous Windows avec le fichier win32com.dll, il permet d'établir la communication avec le modem ou le téléphone GSM. Javax.comm est très utile dans la communication par les ports séries. Il assure donc la gestion des ports.

- *MySQL-connector-java-5.1.7-bin.jar* [52]*:* C'est le driver JDBC (Java DataBase Connectivity) pour MySQL qui convertit les appels JDBC dans le protocole du réseau utilisé par la base de données MySQL. Il permet aux développeurs de programmer aisément des applets qui interagissent avec MySQL et se connectent à toutes les bases même dans un environnement hétérogène.

4.3.3 Fonctionnement du prototype

De façon périodique suivant un timer donné, s'exécutera un module qui comprend :

- la lecture à partir de la mémoire du modem GSM des messages SMS envoyés par les abonnés ;

- l'analyse du contenu de chaque message SMS lu en confrontation avec la base des commandes possibles sur l'annuaire GSM ;

---

[52] http://www.mysql.com/products/connector/j/

- la génération s'il y a lieu des requêtes SQL correspondant à chaque commande envoyée au travers d'un message SMS d'un abonné ;
- l'exécution des requêtes SQL mis en jeu par le message de l'abonné et récupération des réponses générés par la base de données MySQL mise en place ;
- la génération de messages SMS après formatage des réponses précédemment obtenues ;
- l'envoi des messages SMS réponses à l'abonné.

4.3.3.1 Configuration du modem GSM

C'est un module qui au préalable initialise les paramètres de configuration du modem. Ces paramètres sont nécessaires pour le bon fonctionnement des échanges de messages entre le modem et les téléphones des abonnés. Il s'agit des paramètres suivants :

- vitesse de transmission : elle est fixée pour notre modem et pour le type de réseau à 57600 bauds ;
- le port série de communication : elle peut être COM1, COM2, COM6 en fonction du port d'installation choisi ;
- le format de représentation des données qui est de 8 bits sans parité avec 1 bit d'arrêt ;
- les codes PIN1[53] et PIN2 (si nécessaires) ou les initialiser à vide ;
- une chaîne décrivant le manufacturier et le modèle de modem utilisé : l'API SMSLib associe au modèle les handlers AT[54] nécessaires pour son pilotage, ce qui nous dispense d'utiliser directement les commandes AT.

Une fois la configuration réussie par le biais de l'API SMSLib, on peut obtenir différentes sortes d'informations comme le nom du fabricant, le modèle, le numéro de série, l'IMSI[55] de la carte SIM insérée dans le modem, le niveau de charge de la batterie (cas des téléphones portables), le niveau du signal du réseau.

---

[53] PIN : Personal Identity Number
[54] Commandes AT : commandes mis au point par Hayes afin de conduire le bon fonctionnement des modems. Les lettres A et T sont les préfixes de ces commandes
[55] IMSI : International Mobile Subscriber Identity : numéro unique qui permet à un réseau GSM ou UMTS d'identifier un usager

```
CService srv = new CService("COM5",57600,"Globetrotter","GTMAX 7.2");
try
        {
        srv.setSimPin("");
        srv.setSimPin2("");
        srv.setSmscNumber("");
        srv.connect();
    . . . ...
            msg.setMessageEncoding(CMessage.MessageEncoding.Enc7Bit);
            msg.setStatusReport(true);
            msg.setValidityPeriod(8);
            srv.sendMessage(msg);
    . . . ...
            srv.disconnect();
        }
catch (Exception e)
        {
                e.printStackTrace();
        }
```

4.3.3.2 Module de lecture des SMS à partir du modem

Grâce aux propriétés de l'API SMSLib, nous allons définir en java des structures pouvant permettre d'accueillir après lecture, les messages des abonnés. Toute la puissance du langage Java permettra de récupérer sous forme de texte les messages et à les convoyer vers l'Analyseur.

```
LinkedList msgList = new LinkedList() ;
srv.readMessages(msgList,CIncomingMessage.MessageClass.All);
for (int i = 0; i < msgList.size(); i++)
{
        CIncomingMessage msg = (CIncomingMessage)msgList.get(i);
        mes=msg.getText();
        StringTokenizer mess = new StringTokenizer (mes);
        origin=msg.getOriginator();
        ... ...
        message=Analmsg(mess,origin);
        ... ...
}
```

4.3.3.3 Analyse des messages et génération de requêtes SQL

Chaque SMS envoyé par les abonnés au contrôleur de l'annuaire qu'est le PBRC, est décrypté, analysé pour amener en cas de besoin à bâtir des requêtes SQL correspondant à la demande de l'abonné. Ces requêtes seront soumises à l'exécuteur de requêtes qui échange ses réponses avec l'analyseur de messages. Les actions à exécuter se résument comme suit :

Tableau N °11 : Synthèse des traitements effectués par primitive de commandes SMS

Primitives de commandes	Vérification préalable	Requêtes	SMS Réponses
AGA	Existence à l'annuaire du numéro du souscripteur	# Insert into annuaire (numero,code,nom,flag) values (..,...,...,1) # Update annuaire set code=..., nom=...., flag=1 where numero=....	# Abonnement incomplet, Taper AGA Code_Secret Nom ... # Abonnement bien enregistré ... # Abonnement déjà effectué ...
AGD	Existence à l'annuaire du numéro de l'usager	Update annuaire set flag=0 where numero=...	# Pas abonné à l'annuaire ou code secret incorrect... # Votre abonnement est bien annulé
AMC	Existence à l'annuaire du numéro de l'usager	Update annuaire set code=.... where numero=... and flag=1	# Pas abonné à l'annuaire ou code secret incorrect... # Modification de code réussie ...
AMI	Existence à l'annuaire du numéro de l'usager	Update annuaire set nom=.... where numero=... and flag=1	# Pas abonné à l'annuaire ou code secret incorrect... # Modification de nom réussie ...
AMP	Existence à l'annuaire du numéro de l'usager	Update annuaire set profession=.... where numero=... and flag=1	# Pas abonné à l'annuaire ou code secret incorrect... # Modification de profession réussie ...
AMS	Existence à l'annuaire du numéro de l'usager	Update annuaire set secteur=.... where numero=... and flag=1	# Pas abonné à l'annuaire ou code secret incorrect... # Modification de secteur d'activité réussie ...
ARI	Existence à l'annuaire du numéro de l'usager	Select numero from annuaire where nom like '%...%' and flag=1	# Pas abonné au service de l'annuaire... # Pas d'abonné sous ce nom ... # Numéro ... ; Numéro ...
ARN	Existence à l'annuaire du numéro de l'usager	Select nom from annuaire where numero=... and flag=1	# Pas abonné au service de l'annuaire... # Pas d'abonné sous ce numéro ... # Nom : ....
ARP	Existence à l'annuaire du numéro de l'usager	Select nom,numero from annuaire where profession like '%...%' and flag=1	# Pas abonné au service de l'annuaire... #Pas d'abonnés pour cette profession... # Numéro : ..., Nom : ... ; Numéro : ..., Nom : ... ;
ARS	Existence à l'annuaire du numéro de l'usager	Select nom,numero from annuaire where secteur like '%...%' and flag=1	# Pas abonné au service de l'annuaire... # Pas d'abonnés pour ce secteur d'activité.... # Numéro : ..., Nom : ... ; Numéro : ..., Nom : ... ;
AG ?	Existence à l'annuaire du numéro de l'usager	-	Message d'aide générale
Primitive ?	Existence à l'annuaire du numéro de l'usager	-	Message d'aide contextuelle de la primitive concernée

4.3.3.4   Exécuteur de requêtes SQL et Générateur de réponses SMS

C'est le module qui utilise toute la puissance du connecteur JDBC[56] et de Java RMI. L'exécuteur de requêtes SQL est invoqué à distance et le module serveur qui est au niveau du PBR exécute les différentes requêtes générées par l'analyseur

---

[56] JDBC : Java DataBase Connectivity est un API de java permettant de se connecter à des bases de données.

de SMS. Les réponses obtenues sont formatées et renvoyées à l'appelant (client ou PBRC) pour la suite des traitements. Ci-dessous, quelques illustrations des codes.

```
// Invocation of Remote Procedure from  PBRC (Client) //
try{
// define the location
String url = "rmi//10.2.1.240:1099/PHONEBOOK";
SampleServer remoteObject = SampleServer)Naming.lookup(url);
System.out.println("Can Get now remote object");
message=remoteObject.ServiceQuery(typop,queryString);
.....
.....
}
catch (RemoteException exc){
System.out.println("Error in lookup: " + exc.toString());
}
catch (java.net.MalformedURLException exc){
System.out.println("Malformed URL: " + exc.toString());
}
catch (java.rmi.NotBoundException exc){
System.out.println("NotBound: " + exc.toString());
}
```

```
// exemple of  RemoteProcedure defined  at the PBR side //
public String ServiceUpdate(String cmde, String reqsql) throws RemoteException {
// we make a connection to the mysql database
Connection conn = null;
try {
        Class.forName("com.mysql.jdbc.Driver").newInstance();
        try {
                conn = DriverManager.getConnection(url, user, password);
                } catch (SQLException ex) {
                System.out.println("SQLException: " + ex.getMessage());
                }
        }catch (Exception ex){
                System.out.println("Echec chargement driver ....");
        }
.. .. .. .. .. .. .. ...
// computing the update Query
try {
        Statement statement = conn.createStatement();
        k = statement.executeUpdate(reqsql);
} catch(SQLException sqle){
        System.out.println(sqle.toString());
} finally{}
.. .. .. ..
return msg;
}
```

```
// execution of RMI server by the PBR //
.. .. .. ...
try { // registry service for remote access
     java.rmi.registry.LocateRegistry.createRegistry(1099);
     }catch(Exception e) {}
.. .. .. ..
try { //
     System.setSecurityManager(new RMISecurityManager());
     //create a local instance of the object
     SampleServerImpl Server = new SampleServerImpl();
     //put the local instance in the registry
     Naming.rebind("rmi://10.2.1.240:1099/PHONEBOOK" , Server);
             .. .. .. .. ..
             System.out.println("Server waiting.....");
     }
catch (java.net.MalformedURLException me){
         System.out.println("Malformed URL: " + me.toString());
     }
catch (RemoteException re) {
         System.out.println("Remote exception: " + re.toString());
     }
.. .. .. ..
```

4.3.3.5 Envoi de SMS à l'abonné

Ce module récupère la chaîne formatée par le générateur de réponses SMS et prépare son expédition en direction de l'abonné à partir du modem GSM. Pour ce faire, on utilisera une fois encore toute la puissance de l'API SMSLib. Il s'agit de formater le message à envoyer en précisant le numéro du destinataire, le type de codage retenu (7bits, 8 bits ou Unicode mais généralement l'encodage sur 7 bits est bon pour la plupart des cas), la période de validité du message exprimée en nombre d'heures, et éventuellement la possibilité d'avoir un accusé de réception. Ainsi les messages réponses sont renvoyés aux abonnés dans l'ordre d'arrivée de leurs messages. Ces messages réponses transiteront comme les messages de requêtes par le centre de messagerie de l'opérateur dont la carte SIM est insérée dans le modem GSM.

```
try {
        ... ... .
        msg.setMessageEncoding(CMessage.MessageEncoding.Enc7Bit);
        msg.setStatusReport(true);
        msg.setValidityPeriod(8);
        srv.sendMessage(msg);
        . . . ...
   }
catch (Exception e){
                  e.printStackTrace();
   }
```

4.3.3.6 Ecran de contrôle du fonctionnement du PBRC

Pour un suivi des activités du PBRC, nous avons conçu une interface qui affiche en temps réel les messages échangés entre les téléphones portables des usagers du réseau cellulaire et le PBRC. Pour chaque message reçu par la PBRC, on affiche le numéro d'origine du message et pour chaque message envoyé par le PBRC, on précise le numéro du destinataire.

Cette interface simple permet une bonne traçabilité des flux d'échanges entre le PBRC et les téléphones des abonnés.

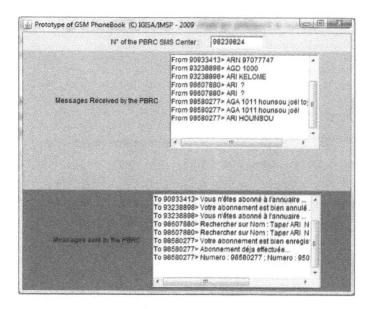

Figure N° 11 : Exemple de maquette de l'interface de suivi des activités du contrôleur de l'annuaire : PBRC

4.3.3.7 Interface web de l'annuaire GSM

Développées en PHP et HTML, les pages web permettant aux usagers d'interférer avec la base de données de l'annuaire sont simples et faciles à comprendre. Cette interface web prend en charge les opérations d'inscription, de mise à jour des données de l'annuaire, de consultation de l'annuaire puis enfin d'annulation d'abonnement.

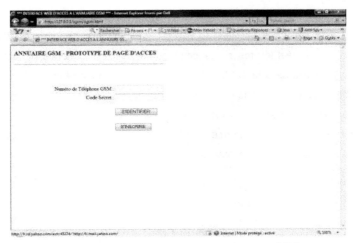

Figure N° 12 : Page d'accès à l'interface web de l'annuaire GSM

4.4 LIMITES DU PROTOTYPE

Le prototype réalisé illustre la faisabilité du service et sa mise en œuvre avec des outils libres en bonne partie. En effet, une insuffisance de dernier a été le système d'exploitation qui n'est pas véritablement libre. L'idéal aurait été de le faire tourner sous linux mais l'obstacle a été pour nous les drivers nécessaires pour piloter le modem GSM. Une autre insuffisance est la réalisation de la liaison SS7 entre le simulateur de centre de messagerie et le contrôleur de répertoire d'annuaire.

Toutefois, ces limites recensées peuvent être levées dans un futur très proche, si le travail commencé décide d'être mené à terme par d'autres bonnes volontés

CONCLUSION

La réalisation du prototype et son fonctionnement ont été décrits de long en large dans le présent chapitre. Les interactions des abonnés avec le contrôleur de l'Annuaire (PBRC) ont été aussi décrites de façon détaillée. Afin de suivre l'activité du PBRC, une interface graphique affiche les échanges de messages entre le téléphone portable de l'abonné et le PBRC. De même, une interface web permet à l'abonné d'interagir avec le répertoire de l'annuaire (PBR) auquel on accède par accès distant.

CONCLUSION GENERALE

Il est impensable de concevoir de nos jours un monde sans téléphonie à plus forte raison sans la téléphonie mobile. Cette mobilité qu'elle apporte pour la communication est déterminante dans notre conduite de tous les jours.

La plupart des pays en voie de développement ont engagé des programmes de restructuration du secteur des télécommunications et de sa privatisation et la mise en place d'Agences de régulation des télécommunications.

La téléphonie mobile connait un plein essor et de nombreux services à valeur ajoutée (SVA) sont mis à la disposition des consommateurs. Les services basés sur le SMS sont nombreux et prennent plusieurs formes. On peut citer entre autres SMS Banking, Voice SMS, Chat SMS, Paiement par SMS, Gestion clientèle par SMS, etc.

Mais le gros problème qui se pose est l'inexistence d'un annuaire qui répertorie les abonnés de la téléphonie mobile. Les besoins de plus en plus croissants qui se manifestent au sujet de l'annuaire nous ont amené à imaginer une façon d'implémenter le service de l'annuaire GSM. Ce service implique pour son fonctionnement une interaction de l'usager avec le contrôleur d'annuaire soit au moyen de SMS, soit au moyen d'une page web mise à la disposition de la clientèle par l'opérateur.

Cependant le problème majeur est l'adhésion massive des usagers au service et il revient aux opérateurs de trouver des mesures incitatives pour arriver à constituer dans une grande majorité le répertoire des abonnés de leurs réseaux respectifs.

Après une analyse approfondie, nous avons proposé que la gestion de l'opération soit confiée à un prestataire autre que les opérateurs de la place et que dans un souci de collaboration franche, tous les opérateurs GSM facilitent la mise en œuvre de ce service à mettre en place. Toutefois ces gardes fous ne sont pas toujours les garants d'un succès de l'opération. En effet dans un pays analphabète dans une grande majorité, la problématique de l'annuaire se posera de façon de plus en plus cruciale avec l'augmentation de la télédensité en téléphonie mobile.

Il s'agira alors de continuer les réflexions pour trouver les voies et moyens pour ne pas être trop en retard dans le relèvement du défi de la mise en place de l'annuaire de la téléphonie mobile.

GLOSSAIRE

API   : *Application Programming Interface*

ARCEP : *Autorité de Régulation des Communications Electroniques et des Postes*

ASP : *Active Server Pages*

ATRPT : *Autorité de Transition de Régulation des Postes et Télécommunication*

AuC : *Authentification Center*

BSC : *Base Station Controller*

BSD : *Berkeley Software Distribution*

BSS : *Base Station SubSystem*

BSSAP : *Base Station System Application Part*

BTS: *Base Transceiver Station*

CC: *Call Control*

CCS7: *Common Channel Signaling System N° 7*

CDMA: *Code Division Multiple Access*

CGI: *Common Gateway Interface*

CM: *Connection Management*

EDGE: *Enhanced Data rate for GSM Evolution*

ETSI: *European Telecommunication Standards Institute*

FDMA: *Frequency Division Multiple Access*

FM   : *Frequency Modulation*

GMSC: *Gateway Mobile Switching Center*

GNU: *Gnu is Not for Unix*

GPL: *General Public License*

GPRS: *General Packet Radio Service*

GSM: *Global System for Mobile communications*

HLR: *Home Location Register*

HSDPA: *High Speed Downlink Packet Access*

HTTP: *HyperText Transfer Protocol*

HTTPS: *HyperText Transfer Protocol Secure*

IIS : *Internet Information Services (server web de Microsoft)*

IMEI : *International Mobile station Equipment Identification*

IMSI : *International Mobile Subscriber Identity*

IPSec : *Internet Protocol Security (RFC 2401)*

IUT : *Institut Universel de Télécommunication*

JDK : *Java development Kit*

LAMP : *Linux Apache MySQL Php (outils construisant des pages web)*

LAPD: *Link Access Protocol for the D channel*

LAPDm : *Link Access Protocol for the Dm channel (version modifiée de LAPD)*

MM: Mobility Management

MMS: *Multimedia Message Service*

MSC: *Mobile Switching Center*

MTP: *Message Transfert Part*

NSS: *Network Switching Center*

OSI: *Open Systems Interconnection*

PBR: *PhoneBook Repository*

PBRC: *PhoneBook Repository Controller*

PDU : *Protocol Data Unit*

PIN : *Personnal Identification Number*

RR : *Radio Ressource*

RTC : *Réseau Téléphonique Commuté*

SCCP: *Signaling Connection control Part*

SDK: *Software Development Kit*

SIM: *Subscriber Identity Module*

SMPP: *Short Message Peer to Peer*

SMS: *Short Message Service*

SS: *Supplementary Services*

SS7: Signaling System N° 7

SSL: *Secure Sockets Layer*

TCAP : *Transaction Capabilities Applications Part*

TDMA : *Time Division Multiple Access*

TUP: Telephone User Part

UMTS: *Universal Mobile Telecommunications System*

VLR: *Visitor Location Register*

VoIP: *Voice over IP*

VPN: *Virtual Private Network*

XML: *eXtensible Markup Language*

WAP: *Wireless Application Protocol*

ANNEXE

Cellular Telephony as Enabler for Anywhere, Anytime On-Line Address Books: An Open Architecture

Roch Glitho, IMSP, University of Abomey-Calavi, (Benin) and Ericsson/Concordia University, Montreal (Canada)
Pelagie Houngue and Bonaventure Gagnon, IMSP, University of Abomey-Calavi (Benin)
Mohamed Dembele, Telecel, Lome (Togo)

Abstract-The growth of cellular telephony is truly explosive, especially in developing countries where it is the prime telecommunications infrastructure due to the low penetration of fixed telephony and the Internet. To fully exploit telephony, address books are indispensable. Most cellular telephony users in developing countries rely solely on the rather primitive off-line address books that come with the phones. Loss of a phone often turns into a 'painful' ordeal, especially since backup mechanisms, such as synchronizing with computers, are seldom used. Computers and phones with synchronization abilities are not affordable by most end-users. This paper proposes an open architecture for providing anywhere, anytime on-line address books in settings where end-users rely solely on the off-line address books provided with cellular phones. The address books are stored on-line in a repository in the cellular network. They can be downloaded into new phones when replacement phones are purchased. Short message service (SMS,) a widely deployed cellular telephony service, is the prime interaction mechanism between the off-line and the on-line address books.

Keywords- Cellular telephony, GSM, on-line address books, Short Message Service Center (SMS-C), Short Message Service (SMS), Signaling System No7 (SS7)

I. INTRODUCTION

The world has witnessed a phenomenal growth of cellular telephony since the early 1990s. This growth is even more spectacular in developing countries where alternatives are fewer because of the low penetrations of fixed telephony and the Internet. Cellular telephony users in Africa now number more than 100 million, while only five years ago they were approximately 8 million [1].

Address books are an indispensable and integral part of telephony. They allow callers to store and easily retrieve the telephone numbers of their professional and personal contacts. Address books may also contain other convenient information such as civil addresses and professions. We are all familiar with the rich off-line address books (known as phone directories) supplied by fixed telephony service providers – books that are nowadays also on-line and accessible via the Internet. However such books are usually not available in mobile telephony settings.

Most cellular phones come with mechanisms that allow end-users to manage their own address books. Relevant information can be stored on and retrieved from these phones. In this paper we designate these address books as off-line address books.

The loss of a phone can become a nightmare, especially in developing countries where backup mechanisms (e.g.

synchronization with computers and Internet on-line address books) are not common practices. Computers and Internet access are still too costly for most end-users.

This paper proposes an open architecture for providing anywhere, anytime available on-line address books in developing countries where most end-users rely solely on their off-line address books. The architecture relies on the cellular network, since it is the prime telecommunications infrastructure in most of these countries.

On-line address books can come to the rescue when phones are lost because they can be automatically downloaded to the newly acquired phones. They are stored in a repository in the cellular network and the end-users interact with the repository using a widely deployed cellular telephony service, the short message service (SMS).

The next section gives background information on cellular telephony and SMS. The third section reviews the state-of-the-art in light of the system design goals and end-user requirements. The novel open architecture is introduced next, followed by our conclusions.

II – BACKGROUND

Cellular telephony adds mobility to fixed telephony. The first generation systems were analog and date back to the 1980s. The second generation systems are digital and their deployment began in the '90s. Third generation systems are digital but based on packet switching, unlike the two previous systems that are based on circuit switching. This paper focuses on second-generation cellular systems, which are now the most widely deployed. We use the Global System Mobile (GSM) as our archetype, as it is the most widely deployed system in developing countries. SMS was added later to GSM to allow the exchange of short text messages.

A. GSM

This sub-section introduces the GSM architecture, which is made of three layers. The main components are briefly described. For a detailed overview please consult reference [2]. At the lowest layer of the architecture we have the mobile station (MS), which is the actual cellular phone. It is made up of two main components: a subscriber identifier module (SIM) combined with a mobile equipment (ME) unit. It may also have storage capacity. The SIM uniquely identifies the subscriber and the ME provides the radio interface to the second layer, the base station subsystem (BSS). The off-line address book that comes with the phone is stored on / retrieved from either the SIM or the storage available on the phone.

The BSS is made up of the base transceiver station (BTS) and the base station controller (BSC). The MS communicates with the BTS. Several MSs can be connected to the same BTS and several BTSs are connected to the same BSC. The BSC manages the BTSs. At the highest level of the architecture we have the network sub-system (NSS). The mobile switching centers (MSCs) are telecommunication switches that have additional functionality for mobility management. Several BSCs can be connected to an MSC. The MSCs are connected to several databases including the home location registry (HLR) and the visitor location registry (VLR). The HLR stores information on the network subscribers while the VLR stores information on the subscribers (of other networks) who are currently present in the network. Figure 1 provides an illustration.

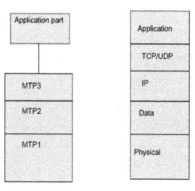

Figure 2 – Simplified SS7 stack versus 5-layer TCP/IP stack

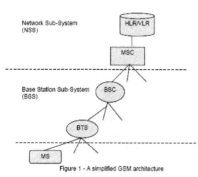

Figure 1 - A simplified GSM architecture

B. SMS

SMS was a later addition to GSM. Call signaling in GSM is based on signaling system No7 (SS7). SS7 is an out-signaling system that relies on a dedicated packet switched network. Reference [3] gives an overview.

Figure 2 contrasts a simplified SS7 protocol stack to the classical 5-layer TCP/IP stack. The application part in case of GSM is called mobile application part (MAP). It runs on top of a network service part called message transport part (MTP). MTP3 corresponds to the IP layer, MTP2 to the data link layer and MTP1 to the physical layer. The TCP layer has no equivalent in SS7.

After the introduction of GSM, network operators realized that the spare capacity in the SS7 network could be used to transport short text messages, not more than 160 characters long. However, longer messages can be sent thanks to fragmentation and re-assembly.

The only node that was added to the GSM architecture to implement SMS is the short message service center (SMS-C). It is a store-and-forward messaging server and is connected to the MSC. An SMS sent from user 1 in network 1 to user 2 in network B may cross several SMS-Cs before reaching the SMS-C of network 2. SMS are stored on the MS (either on the SIM card or on the phone storage) before delivery. They are stored only for a limited period of time. For more information on SMS the reader can consult reference [4].

III – DESIGN GOALS AND STATE OF THE ART

We envision on-line address books as a value added service offered to subscribers by cellular telephony service providers. We successively introduce the system design goals, the requirements for subscriptions, usage and interactions with the system. We then use the system design goals and the requirements to critically review the state of the art.

A. System design goals

Our first goal is to design a system with developing countries as the prime targets, which means that the specifics of these countries must be taken into account. This implies, among other things, that the system should be able to cater to low-end and medium-end phones that have limited storage capabilities.

Another goal is to have an open architecture that can be easily deployed in any GSM network. The system should not be tailored to a specific equipment brand. Little or no change should be made to the existing GSM functional entities. Although new functional entities may be introduced, these entities should interact with the standard GSM entities whenever possible.

We will also design the system to meet the classical goals such as scalability, reliability, fault tolerance, etc. For example, the system should scale in terms of subscribers and also in terms of address book size.

B. Requirements for subscription

The end-user shall have two options when subscribing to the service

Option 1: The entire address book on-line

In this case the entire content of the address book is duplicated on the on-line repository offered by the cellular network operator. End-users can directly manipulate their on-line and off-line books by creating and modifying entries on their phones. Synchronization with the on-line address book is done automatically and transparently.

Option 2: Parts of the address book on-line

Some subscribers may wish to duplicate only parts of their address books on-line, potentially thus motivated by the charging model. If for instance the service is charged per entry stored, some subscribers may decide to duplicate on-line only the entries they consider critical. It is obvious that in such cases, only the parts that have been duplicated can be downloaded to new phones when phone losses occur.

C. Requirements for usage

After subscription end-users shall be able to:

Save on the on-line address book

Only subscribers who have selected the second option have access to this operation, because it is performed automatically for those who selected the first option. Subscribers can use this function to select from the local address book the entries that will be stored on the on-line address book.

Modify the on-line address book

Like the previous operation, only subscribers who have selected the second option have access to this function – again, it is done automatically for the others. Subscribers can explicitly modify (or remove) entries that are stored on the on-line partial address book.

To download and transfer address books

The "download" operation allows subscribers to download parts of or the entire address book they have on-line. The "transfer" operation allows them to transfer parts of, or their entire on-line address book to other subscribers.

D. Requirements on interaction mechanisms

The preferred interaction mechanism shall be SMS, since it is already in general use in developing countries. However, for convenience, the end-user shall also be able to interact via a Web page if she/he wishes

Interacting with SMS

The end-user registers by sending an SMS (with a pre-defined format) to a pre-defined phone number. The same applies to the other operations: save, modify/remove, download and transfer.

Interacting via a Web page

All of the above operations can also be done via a Web page offered by the network operator.

E. Critical review of the state of the art

A few cellular telephony service providers already offer some services that are close to the anywhere, anytime on-line address books we have in mind. An example is the "SOS SIM repertory service" offered by Bouygues and for which subscribers pay a monthly fee [5].

With this service, all the entries of the off-line address book saved on the SIM card are automatically backed up on a server in the Bouygues network. The backup is done in the few hours following the last modification. Actually, the entire address book is backed up on the server after each change and the server keeps the history. When the subscriber looses her/his phone, she/he can select the version of the backup she/he wishes and receive it on the newly acquired SIM card.

This service meets neither our system design goals nor the end user requirements. The architecture is not open. It is tailor-made for Bouygues and cannot be easily deployed in other GSM networks. The second option of our subscriptions requirement is not supported. Interactions via a Web page are not possible. Furthermore, only the addresses saved on the SIM card are backed up.

There are tools on the market that can help end-users back up their off-line address books. An example is the "MySIM copier" [6], which allows the end-user can copy her/his off-line address book on a backup SIM card. Such tools are not readily available in developing countries. Furthermore, both SIM cards could be lost. There are many other tools that require the use of personal computers. However, as already stated, personal computers remain too costly in these settings.

IV – PROPOSED ARCHITECTURE

The functional entities and interfaces are presented and illustrated by scenarios. The technical challenges are discussed subsequently.

A. Functional entities and interfaces

Figure 3 depicts the overall architecture.

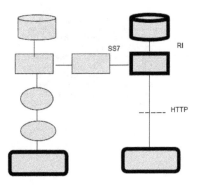

There are two new functional entities: the address book repository (ABR) and the address book repository controller (ABRC). The ABR stores the actual on-line address books. It may be implemented as a centralized or a distributed database. The address book repository controller (ABRC) controls the ABR. It can be accessed via 2 interfaces: SS7 when the end-user interacts via SMS, and HTTP when the end-user interacts via the Web page. It interacts with the ABR via the repository interface (RI) (e.g. SQL). Only one existing functional entity is modified, the MS.

Thanks to these enhancements of the MS, whenever an end-user (with subscription option 1) modifies her/his local address book, the MS automatically generates an SMS, which is sent to the ABRC in order to trigger synchronization. Thanks to the same enhancements, whenever an end-user makes a change to the on-line address book (or the parts of the book that are kept on-line) via the Web page, the off-line address book is updated accordingly.

B Illustrative scenarios
Two scenarios are discussed.
First scenario: An end-user subscribes to the service (option 1) via SMS

Figure 4 depicts the sequence of messages and events. The end-user sends an SMS to the ABRC to announce her/his intention to subscribe. The ABRC sends a message to the ABR to create a new on-line address book in the repository. We assume that the new on-line address book is successfully created. The ABRC then sends a message to the enhanced MS in order to initiate the transfer of the off-line address book to the newly created on-line address book. The entries of the off-line address book are then transferred by SMS to the on-line address book.

Second scenario: A subscriber makes changes to the on-line address book via the Web page.

The changes made via the convivial Web interface are sent to the ABRC. The ABRC updates the on-line address book. It then updates the off-line address book using the same data. Figure 5 depicts the exchanged messages.

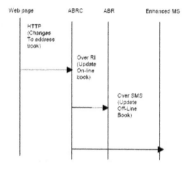

F. Technical challenges
We start with the challenges related to the modified functional entity (i.e enhanced MS), and then move to those related to the new nodes.

1. Enhanced MS related challenges

Enhancing the MS means adding new logic to a SIM card. This is an uphill task for several reasons. SIM cards have limited memory capacities. Furthermore, programming them requires specialized skills.

SIM cards have Read Only Memory (ROM), programmable Electrically Erasable Read Only Memory (EEPROM) and Random Access Memory (RAM). The capacities are as follows: ROM (16 to 24 KB), EEPROM (8 to 32 KB) and RAM (256 to 512 KB).

There are several tool kits for programming SIM cards. One example is provided by SUN Microsystems [7]. The level of abstraction offered by the application programming interface (APIs) is rather low.

Furthermore, the basic programs that come with SIM cards are usually written by SIM card providers and there is no guarantee that third parties can easily integrate additional logic to these cards, especially when the logic is as complex as that required for the anywhere, anytime on-line address book.

2. ABR- and ABRC-related challenges

The ABR can be implemented either as a centralized database or a distributed database. Distributed databases, however, will be more suitable in most cases. They offer better reliability through duplication. Furthermore, they enable quicker access, especially when the cellular network covers a wide area and end-users can request access from anywhere in the coverage area. In addition, distributed databases enable scalability. Designing, deploying and managing distributed databases is no easy task. Several challenges need to be addressed.

The ABRC supports three protocol stacks: HTTP, SS7 and the stack that makes interactions with the repository possible. It also parses and generates SMS messages. The most challenging task here is to keep off-line and on-line address books synchronized, because end-users can make changes via both the MS and the Web page. Several synchronisation algorithms have been proposed over the years [8]. We briefly review here the most important and draw some conclusions as to their suitability for the problem at hand. These algorithms are: Fast Sync, Slow Sync, IntelliSync, SyncML, and CPISync.

FastSync is one of two modes of operations provided by Palm Hotsync. It can be used only when a handheld PDA is being synchronized with the computer used in the previous synchronization. In other words, the handheld device can synchronize with one and only one computer. The algorithm uses status flags to determine the changes that occurred since the last synchronization with the computer.

Slow Sync may be used whenever Fast Sync is not suitable, such as synchronization of a handheld device with different computers (e.g. office computer, home computer). The status flags may therefore not convey the real differences between the data on the handheld device and that on the computer. Actually, the handheld device backs up all of its records on the computer after each synchronisation. It uses these records as reference the next time it synchronizes with the same computer.

IntelliSync relies on a centralized server. Users have accounts and all the devices always synchronize with this centralized server. All synchronizations can therefore be characterized as FastSync. There is no need for peer-to-peer connection in order to synchronize multiple devices.

SyncML is an open industry initiative. To minimize communication time, each device maintains information modification flags for each of its records with respect to every other device on the network. Thus, modifying a record on a PDA would entail toggling not simply one set of status flags as in Fast Sync, but a set of status flags for every device on the network. The amount of memory needed can easily become prohibitive. Note that adding or removing a device from the network entails an update to every other device in the network.

CPISync (Polynomial Interpolation Synchronization) is based on an algebraic solution to the problem of reconciling two remote sets of information. This algorithm has been shown to be significantly more efficient than Slow Sync in the most common scenarios. Unlike the previous approaches, the CPISync algorithm is computation intensive.

None of these approaches is really suitable for our needs. The memory capacity and computation power they require may not be available on low- and medium-end cellular phones. Furthermore, SMS may not be the appropriate way to carry the synchronisation messages and data prescribed by these approaches.

V-CONCLUSIONS

This paper has proposed an open architecture for providing anywhere, anytime on-line address books in settings where the classical means for backing up the off-line address books that come with cellular phones are not available or their cost is prohibitive. Cellular technology is the pillar of the architecture. The on-line address books are stored in repositories residing in the network and SMS is used as the prime interaction mechanism. We presented the basics of cellular networks (using GSM as the archetype) and also the basics of SMS. System design goals and end-user requirements were derived and used to critically review the state of the art. Our proposed architecture introduces two new functional entities to the GSM architecture: the address book repository controller and the address book repository. Illustrative scenarios were presented and technical challenges identified.

There are several avenues we will explore in future work. We will start by building proof-of-concept prototypes of selected sub-sets of the systems. These prototypes will help us to further refine the end-user requirements and the architecture. Performance will then be studied via real measurements and simulations in order to validate viability, and we will subsequently extend the architecture. A potential extension could be the use of the multimedia messaging system (MMS) instead of SMS. We will also explore new value-added services that may be built using the same infrastructure.

REFERENCES

[1] R. Tongia, E. Sbrahmanian and V.S Arunachalam, Information and Communications for Sustainable Development; Defining a global Research Agenda, Bangalore: Allied Press, 2005.

[2] M. Mouly and M-B Pautet, The GSM System for Mobile Communications, The International Standards Book, 1992

[3] A. R. Modarressi et R. Skoog, Signalling System No7: A Tutorial, IEEE Communications Magazine, July 1990 http://www.comsoc.org/livepubs/surveys/public/4q98issue/reprint4q.html

[4] G. Le Bodic, Mobile Messaging, SMS, EMS and MMS, Wiley & Sons, February 2005

[5]Bouygues SOS SIM repertory service

//www.institutionnel.bouyguestelecom.fr/actualite/communiquesde presse/SOS_SIM_Repertoire.pdf

[6] "My SIMcopier http://www.nis-infor.com/docs/mysimcopier%20doc%20fra.pdf

[7] Java Card

Technology.http://java.sun.com/products/javacard

[8] Sachin Agarwal, David Starobinski, and Ari Trachtenberg, "On the Scalability of Data Synchronization Protocols for PDAs and Mobiles Devices," Boston University, IEEE Network, July/August 2002

BIBLIOGRAPHIE ET REFERENCES

- Roch H. Glitho, Eugène C. EZIN, Marc-Aurel HOUNDJOHON. Réalisation d'un répertoire téléchargeable par SMS : Prototype du contrôleur de répertoire en ligne. Mémoire de Master/IMSP, 2008.

- Roch Glitho, Pelagie Houngue, Bonaventure Gagnon, Mohamed Dembele. Cellular Telephony as Enabler for Anywhere, Anytime On-Line Address Books : An Open Architecture (ICAST paper), 2007.

- William Stallings. Réseaux et communication sans fil. Pearson Education, 2e édition.

- Andrew Tanenbaum. Réseaux. Pearson Education, 4e édition, 2003

- Bill McCarty. Je débute en PHP4. Editions First Interactive, 2002.

- Les Annuaires : Etat de l'art Version 1.0 GMSIH 2003

- www.arcep.fr   site   officiel de l'Autorité de Régulation de la Communication Electronique et des Postes.

- http://www.atrpt.bj/accueil.php : Autorité Transitoire de Régulation des Postes et Télécommunications du Bénin

- Mobile learning/SMS (Short Messaging System) academic administration kit Judy Nix, John Russell and Desmond Keegan

- C. DEMOULIN, M. VAN DROOGENBROECK. Principes de base du GSM

- Christophe CARPENA. Comparaison de SGBD libres : Langage,Triggers, Administration. Mémoire, Mai 2006 CNAM-Montpellier

http://www.lesannuaires.com/annuaire-gsm-telephone-portable.html site d'informations

http://www.recherche-inverse.com/actualites/annuaire-universel-arcep-rappelle-les-operateurs-a-leurs-obligations.php   : fonctionnement du réseau GSM. Revue de l'AIM, N04, 2004.

http://www.commentcamarche.net/telephonie-mobile/gsm.php3

http://www.tech-faq.com/lang/fr/ss7.shtml&usg=ALkJrhjTcDZk-ctGXK9TJwptD1-ej2Etkw   : au sujet de SS7

http://www.informit.com/library/content.aspx?b=Signaling_System_No_7&seqNum=9

http://membres.lycos.fr/delpolo/chap2.htm sur SS7.

http://wapiti.telecom-lille1.eu/commun/ens/peda/options/ST/RIO/pub/exposes/exposesrio1998/SS7&IP/page2.html : Au sujet de SS7.

http://www.lebguide.com/internet_mobile_8.html : Interface A

http://fr.wikipedia.org/wiki/Serveur_web : serveur web

http://www.01net.com/article/212133_a.html article de journal

http://java.sun.com/docs/books/tutorial/rmi/designing.html : Designing a Remote Interface

http://news.netcraft.com/archives/web_server_survey.html sur les statistiques d'utilisation des serveurs http

http://www.developershome.com/sms/freeLibForSMS.asp logiciels libre sous linux pour envoi et réception de sms

http://www.gsmfavorites.com/ The ultimate site for mobile communications

CIPB, février 2008 Les Télécommunications au Bénin

http://www.gnu.org/philosophy/free-sw.fr.html : définition logiciels libres

http://en.wikipedia.org/wiki/Comparison_of_relational_database_management_systems comparaison des SGBD

http://www.journaldunet.com/solutions/0212/021218_web.shtml comparaison serveurs Web

http://fr.wikipedia.org/wiki/Lighttpd : Au sujet de Lighttpd

http://www.techlife.no/PartDetail.aspx?q=p:1469322%3Bc:36206%3Br:dinpris détail du matériel OPTION GLOBETROTTER GT MAX 7.2 READY

Une maison d'édition scientifique

vous propose

la publication gratuite

de vos articles, de vos travaux de fin d'études, de vos mémoires de master, de vos thèses ainsi que de vos monographies scientifiques.

Vous êtes l'auteur d'une thèse exigeante sur le plan du contenu comme de la forme et vous êtes intéressé par l'édition rémunérée de vos travaux? Alors envoyez-nous un email avec quelques informations sur vous et vos recherches à: info@editions-ue.com.

Notre service d'édition vous contactera dans les plus brefs délais.

Éditions universitaires européennes
est une marque déposée de
Südwestdeutscher Verlag für
Hochschulschriften GmbH & Co. KG
Dudweiler Landstraße 99
66123 Sarrebruck
Allemagne

Téléphone : +49 (0) 681 37 20 271-1
Fax : +49 (0) 681 37 20 271-0
Email : info[at]editions-ue.com
www.editions-ue.com